日本目録規則（NCR）1987年版改訂版
第9章改訂とメタデータ

電子資料の組織化

日本図書館協会目録委員会編集

日本図書館協会

Electronic Resources and their Metadata:

Proceedings of the Workshop on the Chapter 9 of Nippon Cataloging Rules and Dublin Core

電子資料の組織化 ： 日本目録規則（NCR）1987年版改訂版第9章改訂とメタデータ ／ 日本図書館協会目録委員会編. － 東京 ： 日本図書館協会, 2000. － 95 p ; 30㎝.
ISBN4-8204-0003-7

t1. デンシ　シリョウ　ノ　ソシキカ
a1. ニホン　トショカン　キョウカイ
s1. 資料目録法　s2. インターネット　s3. 情報検索　①014.32

はじめに

　日本図書館協会では、従来「日本目録規則（NCR）」の改訂に際し定期的に開催されていた「整理技術全国会議」を活用して、会員の討議機会を設け、改訂案検討を行ってきた。しかし、図書館現場での整理技術への関心の低下とともに、この会議自体が開催されなくなって、すでに久しい。

　一方、電子資料や情報ネットワークの進展により、図書館界の外で目録のようなメタデータの重要性が認識され、その活発な活動がまた図書館界にも影響を及ぼすようになっている。今回のNCRの改訂では、第9章、つまり「電子資料」を対象としているから、とりわけそうした動向を考慮しなればならない。

　そこで、図書館目録に止まらず、電子資料の組織化の問題全体を考えるという設定で、検討会「電子資料の組織化：日本目録規則（NCR）1987年版改訂版第9章改訂とメタデータ」（1999年11月20日開催）のプログラムをつくった。さいわい図書館関係者はもちろんのこと、種々のメタデータに関わる専門家など、多方面の方々が一堂に会して討議にご参加くださった。この報告はそのときの記録である。ただし、執筆者によっては、加筆された部分もある。また質疑応答はQ&Aとして掲載した。

　すべての参加者、協会関係者のご協力に感謝する。併せて、この報告が多くの方々の実践に寄与すればと願うものである。

　2000年5月

　　　　　　　　　　　　　　　　　　　　　日本図書館協会目録委員会
　　　　　　　　　　　　　　　　　　　　　　　委員長　　永田　治樹

電子資料の組織化 ● 目 次

はじめに _____ 3

目録規則の今後
−第25期以降の目録委員会の活動について− _____ 6
　　　　　　　　　　　　　　　　　　　　　　　永田治樹

アメリカにおける
『英米目録規則』改訂の動向 _____ 10
　　　　　　　　　　　　　　　　　　　　　　　古川肇

日本目録規則(NCR)1987年版改訂版
第9章改訂案説明 _____ 17
　　　　　　　　　　　　　　　　　　　　　　　横山幸雄

国立国会図書館における電子資料の組織化
−NCR9章適用をめぐる検討と問題点− _____ 27
　　　　　　　　　　　　　　　　　　　　　　　児玉史子

日本目録規則(NCR)1987年版改訂版
第9章改訂案について _____ 32
　　　　　　　　　　　　　　　　　　　　　　　村上泰子

メタデータに関する最近の話題から
−サブジェクトゲートウェイとDublin Core− _____ 45
　　　　　　　　　　　　　　　　　　　　　　　杉本重雄

ゲートウェイ・サービスのためのメタデータ
−「インターネット学術情報インデックス」作成の事例報告− _____ 57
　　　　　　　　　　　　　　　　　　　　　　　栃谷泰文

日本目録規則(NCR)1987年版改訂版
第9章改訂案(1999.11.20段階) _____ 72

Q&A
- NCR改訂の手続きについて 9
- AACRの動向とNCR改訂について 16
- 第9章改訂案に関するQ&A 18-26
- 目録規則やMARCとダブリン・コアの関係について 43-44

目録規則の今後

―第25期以降の
目録委員会の活動について―

永田 治樹（図書館情報大学・JLA目録委員会委員長）

NAGATA Haruki
harungt@ulis.ac.jp

目録委員会の課題

『日本目録規則1987年版改訂版』（NCR87R）の成立を受けて1995年4月より発足した第25期の目録委員会には、二つの課題があった。

　第1は、今後の目録規則のあり方を探るというやや長期的スタンスに立つものである。「日本目録規則」も、この1994年の87年版改訂版でさらに安定度を増し、パリ原則*とISBD*という国際基準はもとより揺らぎそうになく、また世界的に有力な英米目録規則（AACR2）の動向にもこの時点においては目立ったものはなかったから、当面大きな目録規則改訂は予定されないという見解が一般的であった（そのために、『マニュアル』ないしは『簡略版』のようなものを作成してはどうかとの意見が出ていた）。とはいえ、NCRやAACR2が完璧なものかといえば、そうとは確言できず、いずれは目録規則の根本的な改訂を考えざるをえない。その準備を怠らないという意味で、今後の目録のあり方を探っておくのは重要であると考えられ、この課題が設定された。

　第2の責務は、その時々に解決していかねばならないNCRのメンテナンスである。会員からの質問への対応や、小さな訂正、あるいは、必要とされる条項の整理など、規則の維持・管理という作業である。実は、この第9章の改訂については、委員会では、最初この範疇において扱われた。というのは、第9章に関して事態の進行に対応しきれていない点が目立っており、NCR87Rの枠内にあっても、急ぎ手直しが必要とされていたためである。しかし、修正検討の過程で、これが、第1の課題につながる問題を投げかけていることが判明した。その基本的な問題のいくつかは、本日の検討会でも取り上げられることになろう。

目録規則のあり方

　さて、第1の課題である、今後の目録規則のあり方を探る活動として、目録委員会がどのような作業を行ってきたかを説明しておこう。

　一つは、それぞれの図書館において目録の作成と利用を一体どのように行っているかを確かめるという調査である。久しく実施していなかった、目録に関する

パリ原則
　1961年パリで開催された国際目録法原則会議において採択された、主として「標目」（ヘディング）の形式と選択に関する原則。目録の機能・構成や、「記入」などに関する12の項目の覚書から構成されている。日本目録規則1965年版は、これに基づき制定された。

ISBD（国際標準書誌記述）
　国際図書館連盟により作成・管理されている書誌記述の作成基準。1971年に最初の単行書用ISBD(M)が公表された。日本目録規則新版予備版の記述は、基本的にはこれに則り制定された。その後、逐次刊行物用ISBD(S)が続き、さらに全体の枠組みを示したISBD(G)が1977年に公表された後、古典籍（A）、地図資料（CM）、非図書資料（NBM）、楽譜（PM）や電子資料（ER）などが公表されている。また、現在ではそれぞれのISBDは5年ごとに見直されている。

全国調査を、日本図書館協会が毎年行う「日本の図書館」調査の付帯調査として、1997年3月に実施した（これに続いて、多くの公共図書館が利用している書誌データ・ベンダー3社についての聞き取り調査も行った）。この結果は『目録の利用と作成に関する調査報告書』として刊行された。およそ予想されたことであったが、公共図書館においては、目録作成が大半のところで外注されており、また大学図書館では共同分担目録方式が広く普及していることが明らかになった。また、1989年の前回調査とは大きく違い、今や目録の主流は機械可読形となっており、多くの図書館では、それを活用してオンライン目録（OPAC）を構成し、利用者に提供していることが確認された。因みに、現在の目録規則の枠組みは、主としてカードをベースに考案されており、その後出現した機械可読目録を収容するような形で整合性をもたせたものである。

一方、情報技術の革新やインターネットの普及により、ネットワーク情報資源やマルチメディア資料がここ数年でまたたく間に普及した。これらの進展に対して目録規則はどのように対処するのかという問題が出来してきた。ここで問題となるのが、目録記録の対象として従来どおりの「書誌的なもの」とはいいがたい「情報オブジェクト」である。

それは、目録とはどのような実体に対するものであり、また改めてどのような情報を、どのように記録するものかという、目録の基本的な問題の再検討を要請している。そこで本委員会は全国調査作業と並行して、例えば、国際図書館連盟（IFLA）の「書誌レコードの機能要件」*レポートや、マイケル・ヒーニィ*がいうオブジェクト指向の目録作成といった議論を取り上げ、また目録を記述するためのシンタックスの議論として、マークアップ言語であるSGMLやXMLの検討や、さらにはネットワーク情報資源のためのダブリン・コアの動きに注目した。もちろん、われわれ固有の領域であるAACR2改訂の動きにも注意を払ってきた。

このうち、おそらく最も重要な議論は、IFLA「書誌レコードの機能要件」分析である。多様なメディア、多様な処理レコードの応用、多様な利用者ニーズに対応する書誌レコードの機能を洗い出し、今後の目録に関する枠組みを示したものである。この分析から、書誌レコードの実体関連モデル*が設定された。こうした手法自体は、それほど珍しいものではなく、私自身もかつて学術情報センターで総合目録データベース・システムの設計に関与した折にこの手法を使った経験がある。しかし、このIFLA「書誌レコードの機能要件」には新しい着眼がある。利用者の観点を分析軸に取り込んでいるという点で、利用者の作業を、〈探す、同定する、選定する、入手する〉という四つと同定して、実体関連分析が進められている。

IFLAのこの成果を基盤にして、目録規則のレベルで、この一両年にAACR2の改訂の動きに急な進展があった。本日の課題である第9章、電子資料関係や、このあと古川委員から説明のある第12章、逐次刊行物に顕著に出てきているものである。これらがもたらす問題は、目録規則の構成原則などの基本的なところに関わるものもあって、該当の章の手なおしに止まらず全体の組替えに及ぶと考えられる。このように、事態の進展は加速され、かなりの時間距離のある課題と考え

書誌レコードの機能要件
　ＩＦＬＡの研究グループ（1990年ストックホルムの書誌レコード・セミナーで組織）が作成した、情報技術革新後の新たな状況における書誌レコードが果たす機能の把握を試みた報告書（Functional Requirements for Bibliographic Records）。①利用者のニーズに適合する書誌レコードのデータの構造的な枠組みと、②全国書誌作成機関で作成されるレコードの基本レベル要件が明確にされた。

マイケル・ヒーニィ（Michael Heaneay）
　英国オックスフォード大学ボードレイ図書館所属。1995年に"Object-Oriented Cataloging."という雑誌論文によって、オブジェクト指向モデルによる、図書館目録の分析を発表した。また、AACR改訂合同運営委員会のためのAACRの論理構造分析にも参加している。

FRBRにおける書誌レコードの実体関連モデル
　書誌レコード利用者にとって重要な実体（著作(work)、表現形(expression)、実現形(manifestation)、記述対象(item)、個人(person)、団体(corporate body)、概念(concept)、オブジェクト(object)、出来事(event)、場所(place)）を摘出し、それぞれの実体の属性及び実体間で作用し合う関連を同定して、全体の構造を明らかにしたモデル。

ダブリン・コア
　電子資料の「発見」（ネット上の検索）を意図として作成された、電子資料のメタデータのエッセンシャル・ミニマム・リスト（http://purl.org/DC/を見よ）。もともとはウェブを作成する者がドキュメントに付けることを想定して設定されたものである。今日では博物館、図書館、政府機関、民間組織においてもこれを利用するようになっている。メタデータとして、簡素性、共同利用性、展開性などの特徴を持つ。

られていた、第1の検討課題が今や差し迫ったものとなってきた。

NCR 第9章の改訂

　第9章は、87年版で初めて設定されたものである。当時の状況からいって、ネットワーク利用などによって入手できる情報、つまりリモートアクセスする資源の記述に関する部分は欠けていた。ところが、AACR2 は1988年の修正の際に早くもこれを盛り込み、ISBD(CF：コンピューター・ファイル) もその方向で改訂を進めていた。第25期以降の目録委員会では、NCR については改訂の基本的方向がきちんと見えない限り、NCR87Rを修正しないでおこうという方針であったが、この条項だけはとりあえず取り込んでおく必要があるとして検討作業に着手した。手早く片付けてしまえるという見込みであった。しかし、そのようには事態は進展しなかった。

　目録委員会の第9章の検討と並行して、ISBD(CF) の改訂作業は最終的には、ISBD(ER：電子資料) と名称までも変更されたように、大きな変更を伴うものとなった。それらの改訂内容も踏まえざるをえず、第9章の改訂は、単なる手直しに止まらず、目録規則の基本的な問題に関わる問題に広がり、結局検討作業に2年余りを費やすことになった。この件については、後ほど横山委員から説明をするところである。

　なお、このほかの第2の課題領域に属する目録委員会の活動としては、会員からの質問・意見のほか、ISSN マニュアル改訂案[*]への対応、絶版出版物のオンディマンド出版[*]における奥付のあり方など、諸々の対応があった。実は、それらの中にも目録に関するこのところの状況の変化が端的に現れていた。

今後の活動

　さて、第9章の問題は、第1の原則課題に関わる問題に発展した。一方、データベースや、電子ジャーナル、それにホームページによる出版などや、それらの量的急増は、これまでの逐次刊行物の扱いなどにも大きな問題を投げかけ始めた。これらは、当該の章の問題ではなく、規則構造に影響を及ぼすものであり、AACR2 や NCR87R が成立して以来続いた目録規則改訂のいわば「小康状態」を終わらせた。

　そのために、AACR2 の改訂委員会が動き出しており、われわれも今後のNCR87Rの改訂作業の準備を進めていかねばならないだろう。目録委員会は、この第9章の作業を終えたならば、次いで13章（逐次刊行物）の見直しを予定としており、その延長に、本格的な目録規則の改訂作業への取り組みを考慮しなければならないと考えている。次期の目録規則（200X年版）という射程を持つことになるかもしれない。

　一方、『目録の利用と作成に関する調査報告書』(1998.3) で明らかになったように、図書館において、特に公共図書館においては、目録規則が日常的なツールとして位置づけられなくなっているとともに、OPAC が広く普及している現状を踏まえ、新たな目録の形態であるウェブ OPAC の作成とその基盤としての目録原理

ISSNマニュアル改訂
　逐次刊行物のタイトルの軽微な変化は、それをタイトル変更としないとする旨のISSNマニュアル改訂案の照会が、ISSN国際センターから日本センターである国立国会図書館を通じてあった。目録委員会は、この案の基本的な方向には賛意を表しつつも、改訂案にはわが国のタイトル慣習には必ずしも適合しない例示が掲載されており、新規基準及び例示は各言語によるタイトル慣習を踏まえたものであるべきとの回答を提出した。

絶版出版物のオンディマンド出版
　絶版となった出版物の本文を画像処理により蓄積し、注文に応じて再出版するケースについて、どのような書誌的取り扱いが適切かの問い合わせが製作元から日本図書館協会にあった。目録委員会としては、「二重奥付」の処理が適切と回答した。また、目録作業上ではこれは、複製物として扱われる。

の理解を促すようなものを作成する必要があろう。今年度は無理としてもなるだけ早い時期に、図書館現場で指針となるウェブOPACに関する刊行物を計画している。現在ではこれが、当初求められていた、『マニュアル』や『簡略版』に代わるものとなるものと考えている。

Q. NCR改訂の手続（今後のスケジュールを含む）を明確化していただきたい。

A. NCR改訂の手続は、慣例として、目録委員会が『図書館雑誌』等で原案を発表し、広く意見を求めた後、改訂しております。また、大きな改訂に際しては、以前は「整理技術全国会議」といった集会を実施することもありました。今回は、『図書館雑誌』に、第1次の改訂案、第2次の改訂案（いずれも要約）を掲載し、1章のみの改訂ではありますが、この検討会を持ったわけです。この後、さらに意見を求め、2000年3月を目処に改訂する意向であります。（なお、検討会後、改訂2次案を図書館協会のウェブにも掲載しました。）

アメリカにおける『英米目録規則』改訂の動向

古川　肇（中央大学図書館・JLA目録委員会委員）
FURUKAWA Hajime
hajimefu@tamajs.chuo-u.ac.jp

はじめに

　本日の集会にNCR第9章の改訂案が提示されるが、目録委員会は同章の改訂により電子資料の出現に由来する問題がすべて決着するとは考えていない。電子ジャーナルなどの関連から、逐次刊行物の部分を中心として検討を継続するつもりである。

　そこで、今後の目録規則の在り方を考える参考に、ただいま委員長がIFLAによる成果などに触れた後を受けて、私はNCRの改訂作業に一段と近接する『英米目録規則』（以下「AACR[*]」と略）の改訂に関する動向を取り上げる。

　近年のアメリカにおけるAACRをめぐる論議は、新しいカテゴリーが提案されたり検討の範囲が目録規則の構造にまで及ぶなど、多様で示唆に満ちている（なお、別にIFLAはISBD(S)を改訂しようとしている）。この改訂への動きを、下の目次に示したように、AACR2第9章（同規則でも電子資料を扱うのは同章）から始めて同心円状に範囲を広げて整理してみた。調査対象は、参考文献として列挙したとおり、アメリカ図書館協会（以下「ALA」と略）の目録委員会、AACR改訂合同運営委員会[*]、CONSER[*]の各ホームページなどである。時間の都合で詳細な説明は目次のうちIIおよびIII（の一部）に限る。参考文献にURLを付記しておいたので、関心のある向きは直接原文に就かれたい。

　　I．第9章
　　II．資料の区分
　　III．継続資料の記述
　　IV．その他の特定テーマ
　　V．AACR全体

I．第9章

　当委員会が第9章を検討する過程で絶えずISBD(ER)[*]との整合性を考慮したように、ALAの目録委員会でもISBD(ER)と調整中である［参考文献1］。

AACR
　『英米目録規則』の原書名Anglo-American Cataloguing Rulesの略。これにアラビア数字などを付加して各版を識別する。

AACR改訂合同運営委員会
(Joint Steering Committee for Revision of AACR)
　AACRの改訂に関して、編者の任命からテキストの刊行準備までの責任を負う組織。AACR1の改訂作業が開始された1974年に発足した。現在はALA、米国議会図書館、英国図書館協会、英国図書館、カナダ目録委員会、オーストラリア目録委員会の各代表から構成される。

CONSER
　Cooperative ONline SERialsの略。米国・カナダ両国の図書館界で、1975年以来実施されている逐次刊行物の書誌データベースの構築計画またはそれを管轄する組織。米国議会図書館、カナダ国立図書館などの加盟館が、逐次刊行物の書誌データをOCLCのオンライン総合目録内の独自のデータベースに入力し、そのデータは検証を経てテープなどの形態で利用に供される。

ISBD(ER)
　コンピュータ・ファイルを対象とするISBD(CF)の改訂過程で改題されて、1997年に出版された電子資料に関するISBD。ISBDについては前稿を参照。

II. 資料の区分

1. 三つのモデル［参考文献2］

　我々が日頃遭遇する資料を時間の経過の中に置いたとき、それらは様々な姿を示す。一度に完結してしまうもの、ある期間を経て完結するもの、あるいは完結が予定されていないものというように。この様相に対して従来我々は、全資料を単行資料（monograph）と逐次刊行物（serial）とに二分し各々に規則を用意することによって対処してきた。しかし、この区分によっては適切に処理しがたい種類の資料があるという事実は、これまでも気付かれていたところであった。しかも最近は本日の検討対象である電子資料の中に、この種のものが顕著に現れつつあることによって、最早この事実に目を覆うことは不可能となった。この種の資料とは何か。それは古くから存在するものでは加除式資料であり、近年増加しつつある電子資料ではデータベースやウェブサイトの類である。

　これらは外形は不変でありながら（単行資料の側面）、内容は更新され続ける（逐次刊行物の側面）という二面性をもつ故に、単行資料用の規則と逐次刊行物用の規則のどれか一方のみによっては適切に処理できないのである。別言すれば現行の規則では、内容の変化に数量の変化が伴う資料（単行資料の一部および逐次刊行物）の記述は可能だが、内容の変化に数量の変化が伴わない資料の記述は時に不可能である。例えば、ある加除式資料が改題された場合、これによって増加が生じたわけではないから、改題時には従来の記入を閉じ新しい記入を立てるという通則を適用することはできず、従前の記入中の本タイトルを書き換え旧本タイトルを注記に回すという処理をしなければならない。だがAACR2にはその趣旨の規定の用意がない。

　そこで、従来の二分法に変わる新たな区分の提示、即ち資料の区分の再構成を試みる論文が、AACRに関する国際会議（1997年）[*]に提出された（以下図1を参照）。この論文で筆者たちはA、B、Cの三つのモデルを提示した。そして、彼らはモデルCを理想的と考えつつも当面はモデルBに移行することが現実的であると判断した。まずモデルCを見ると筆者たちは全資料を静態（static）資料と継続（ongoing）資料に二分する。最早、単行資料や逐次刊行物という用語を用いないのである。そして、何らかの逐次性（seriality）を帯びる資料は、一定期間発行されるセットものも含めて全てongoingとして括られ、加除式資料、データベース、ウェブサイトなどは、その中のIndeterminate＞Single Part/Updatingに位置付けられている。

　次に単行資料および逐次刊行物の両語を使用する妥協的なモデルBと、「AACR2による現行の区分」を比べてみよう。単行資料と逐次刊行物との境界線に注目されたい。モデルBは現在と比して、番号付けされていない逐次刊行物とデータベースなどの類を逐次刊行物に含めていることがわかる。

2. モデルBから修正モデルCへ［参考文献3］

　しかし、このモデルBは次のような理由から再考され修正モデルC（modified model C）と称するものに変更された（以下図2を参照）。モデルBにおける逐次刊行物の範囲の拡張（番号付けをもつことと、継続して分冊刊行されることとい

AACRに関する国際会議
　1997年10月23-25日にカナダのトロントで開催されたInternational Conference on the Principles and Future Development of AACRのこと。十ヶ国の64名が招待されて参加した。記録集に関しては参考文献2を参照。

う2要件の除去）には二つの欠点があった。それは、他の用語との区分が曖昧となること、および現行の逐次刊行物との区別が不可能となることである。

修正モデルCを見るとfiniteは従来のmonographと全く同一であることがわかる。言い換えればmonographはより普遍的な語に置き換えられている。またserialはongoingの下位区分に後退している。要するにこのモデルは、serialを包括するongoingがmonograph改めfiniteと全資料を二分する、という構図になっているのである。

Ⅲ. 継続資料（ongoing [continuing] resources）の記述

1. AACR改訂合同運営委員会への勧告

資料区分の再構成を試みた先の論文（参考文献2）に注目した標記の委員会は、著者の一人 Jean Hirons* にAACR2の改訂を勧告するよう要請した。Hironsと新たな著者たちがこれに応えて1999年4月に提出したレポートが、参考文献4である。

Jean Hirons
　米国議会図書館に所属し、2000年2月現在CONSER Coordinatorを務める。

1) AACR2からの原則の転換［参考文献2、4］

勧告の趣旨を先の論文をも参考に読み取ってAACR2の現行規定と対比して要約すると、次のようになると思われる。ただし、これはコントラストを強調するために単純化したきらいがある。勧告自体はもう少し弾力的な内容である。

・特定巻号の転記（transcription）から、著作の同定（identification）へ
・情報源は、特定箇所（例えば初号のタイトルページ）から、特定タイトル全体へ
・情報の基盤は、初号から最新号へ
・変更の忠実な反映から、変更とみなす範囲の限定へ

2) 主な勧告［参考文献4］

では勧告の一部を紹介しよう。紙幅の節約と読みやすさを図りメモ風に記す。

(1) 加除式資料、データベース、ウェブサイトなどの統合資料（integrating resources）を記述対象とする規定を新設する。具体的には次のような手だてを講ずる。

・米国議会図書館が以前に定めて使用している先駆的な加除式資料専用の目録規則*を登用し、それに電子資料を扱う規定を付加する。

加除式資料専用の目録規則
　次の規則のこと。Hallam, Adele. Cataloging Rules for the Description of Looseleaf Publications. 2nd ed. (1989年)

・過渡的な措置として、AACR2第9章の対象を確定資料（finite resources）に限定し（即ち電子ジャーナルなどを除く）、同第12章（逐次刊行物）に統合資料に関する規定を収めて同章で継続資料全体を扱う。長期的にはAACR2第Ⅰ部をISBDのエリア別に組み替える（後述参照）。

(2) 主情報源の概念を放棄する。

(3) タイトル・責任表示・版表示の情報の基盤は、目録作業の時点での最新号とする。

　①統合資料……絶えず更新されるという特徴の故にこの方針が必然的である。
　②継続刊行資料（successively-issued resources）……この方針を勧告するものの強い異論があるという。確かにAACR1までは最新号だった情報の基盤

がAACR2で初号に変わりまた最新号に戻るというような大幅な揺れが、図書館外またはカタロガー以外の人に理解されるのかという疑問は拭えない。

(4) 本タイトル中の誤りであることが明白な綴りは訂正する。これは転記の原則からの転換である。

(5) 第4エリア
・出版地、出版者が変更した場合は、新旧データを併記する。
　New York, NY : Elsevier. – [originally Princeton, NJ : Prentice-Hall], 1998-
・初号および（または）最新号が手元にないときは出版年を省略する。任意に推定の年を記録する。

(6)変更
・新しい書誌的記録の作成を要する顕著な（major）変更と、それには及ばない軽微な（minor）変更との明確な区別、および前者のリスト化
・タイトルの顕著な変更と見なす範囲の縮小……例：団体を標目とする管理的内容の報告（年次報告など）のタイトルの変更は、顕著な変更に含めない。
・記入方式
　①統合資料……変更がある度に同一記入の内容を更新する（latest (single) entry）。
　②継続刊行資料……本タイトル、統一タイトル、基本記入標目に顕著な変更がある都度、記入を作成する（基本的に現行どおりのsuccessive entry）。ただし、当初のタイトルを統一タイトルに指定する。

なお、電子ジャーナルには一般にこの個別記入方式を適用するが、電子ジャーナルの中には改題時に旧タイトルに収録されていた論文が新タイトルの下にリフォーマットされてしまうものがある。これに限り統合資料と見なして最新号の状態に基づく記入とする。しかしそれが適切か否か疑問が残る（例えば抄録・索引との不一致）ため、一種の折衷方式（succession of latest entry）が案出されたが［参考文献5］、勧告にまで至らない今後の検討事項の扱いなのでここでは紹介を省く。

2. その他
1) IFLAによるISBD(S)の改訂……継続資料を含める方向で2000年を目途として改訂するという。
2) ISSNセンターによる、タイトルの変更とみなす範囲の縮小に関する提案

IV. その他の特定テーマ

1. AACR2の条項0.24*

ALA目録委員会の作業グループの一つが検討中である。単なる一条項のために作業グループが設置されていることに一見奇異な印象を受けるが、この条項はその文言内にあるとおり、AACR2第Ⅰ部の「基本原則」（cardinal principle）を規定しているのである。しかもAACR2刊行直後から、最新の物的形態を記述対象とする、との主旨が批判されている（米国議会図書館は刊行後程なくマイクロ形

条項0.24
以下に主要部分を『英米目録規則　第2版　日本語版』から引用する（後にこの条項に施された改訂は字句の範囲に留まっている）。
　0.24. 第Ⅰ部を使用する際の基本原則は、物としての資料の記述は、まず第一に当該資料が属する資料の種別を扱う章に基づくべきである、ということである。例えば、印刷された出版物のマイクロ形態は（第11章の規則を用いて）マイクロ形態として記述すべきである。（中略）要するに、記述の出発点は手元にある資料の物的形態であって、その著作が出版されたもとの形態でも、以前にあったどのような形態でもない、ということである。

態の複製に第11章を適用しないことを決定したなど）。
2. メタデータ
　ALA目録委員会の作業グループの一つが検討中である。

Ⅴ．AACR全体
1. 再構成の提案
　1）二部構成から三部構成へ……「第Ⅲ部　書誌的関連」の新設［参考文献4］
　2）第Ⅰ部の章立てを資料別からISBDのエリア別へ［参考文献6］
2. AACRの論理構造の分析［参考文献6］
　Tom Delsey[*]は実体関連モデルなどの方法によってAACR2を分析するとともに、この規則の問題点を指摘した。

> Tom Delsey
> 　カナダ国立図書館に所属。1997年のAACRに関する国際会議で"Modeling the Logic of AACR"と題する発表を行い、AACR改訂合同運営委員会からAACR2の分析を委嘱された。

終わりに
　目録は各資料の特殊相と共通相および資料間の関連を的確に表現し、しかも利用者には平明で図書館員にとっては作業効率の高いものでなければならない。それを可能とするためのNCRの改訂には、一方でできる限り先入観を離れてNCRそれ自体を読み込み問題を発見する態度が、他方で国際的な標準規則またはそれに準ずるものの改訂内容に注目しそれらとの整合性を追求する態度が、ともに必要である。本日は後者に発する一つの概観を述べた。
　図を全面的に引用したことおよびその際にレイアウトの一部を改変したことを、原図の著者におことわり申し上げる。

〈参考文献〉
1. American Library Association. Committee on Cataloging: Description and Access. Task Force on the Harmonization of ISBD(ER) and AACR2. Draft Final Report. Jan. 10, 1999.
　URL: http://www.library.yale.edu/cataloging/aacrer/tfhrepdf.htm
2. Hirons, Jean; Graham, Crystal, "Issues Related to Seriality," In: The Principles and Future Development of AACR, Jean Weihs, ed. Chicago: American Library Association, 1998. xi, 272p.
　URL: http://www.nlc-bnc.ca/jsc/r-serial.pdf　（補記）その後アクセス不能
3. Hirons, Jean; Reynolds, Regina. Proposal to Adopt a Modified Model C. 1998.4.
　URL: http://lcweb.loc.gov/acq/conser/ModelC.html
4. Revising AACR2 to Accommodate Seriality : Report to the Joint Steering Committee for Revision of AACR / prepared by Jean Hirons with the assistance of Regina Reynolds and Judy Kuhagen and the CONSER AACR Review Task Force. 1999.4.
　URL: http://www.nlc-bnc.ca/jsc/ser-rep0.html
5. Hirons, Jean; Kuhagen, Judy; and, Reynolds, Regina. Proposal for a Succession of Latest Entry Records. Nov. 17, 1998.

URL: http://lcweb.loc.gov/acq/conser/succlat.html

6. Delsey, Tom. The Logical Structure of Anglo-American Cataloguing Rules. Parts I and II. 1998.8-1999.1.

URL: http://www.nlc-bnc.ca/jsc/aacrdel.htm, http://www.nlc-bnc.ca/jsc/aacrdel2.htm

図1：資料の区分に関するモデル
参考文献2に拠る。

AACR2 による現行の区分

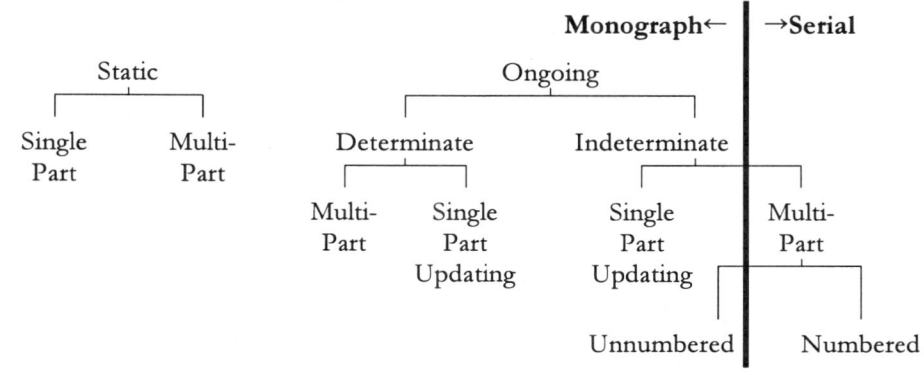

モデル A（省略）

モデル B

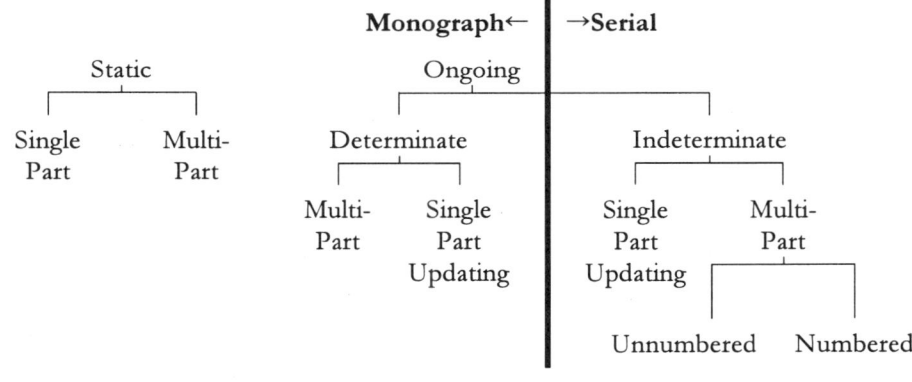

モデル C

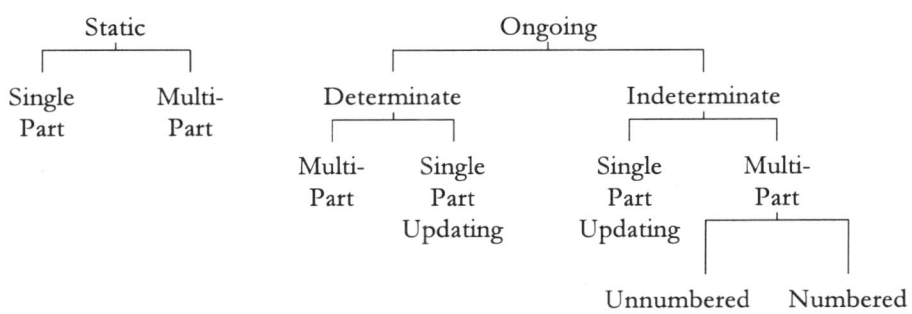

図2：修正モデルC

http://lcweb.loc.gov/acq/conser/modelc.gif の画面（1998.7.20付）に拠る。

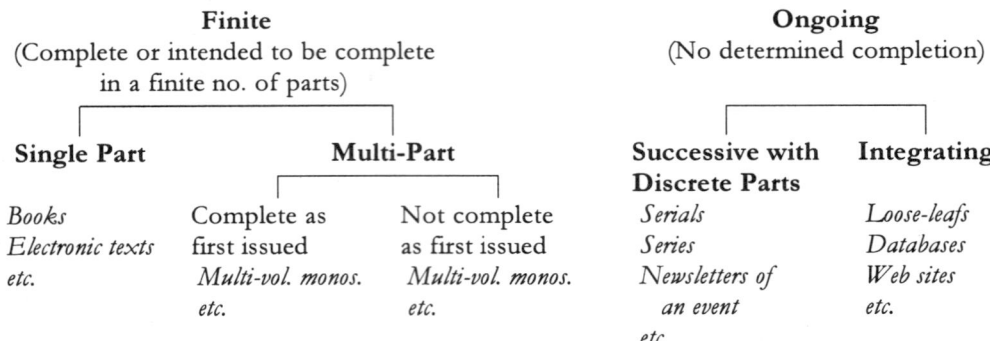

（補記）図2におけるNewsletters of an eventは終期が予定されている資料であり、私はOngoingの例として不適切と考えるが、原図のままとする。

（参考文献および図の最新アクセス：すべて2000年5月9日）

Q&A

Q. AACR2改訂の動向である、第9章を確定資料（finite resources）に限定するという方向性は、NCRにおいても逐次刊行物の章の改訂、あるいは全体の見通しのなかで考えるのか。

A. NCRとしては、第9章は逐次刊行物をも視野に入れています。今後、第13章を改訂する際にさらに検討を深め、問題点を整理していきたいと考えています。
（補記）ちなみに、その後2000年2月にHironsたちがJSCに提出したAACR2第12章改訂案は、電子ジャーナルの電子的側面を第9章で、逐次性の側面を第12章で扱うとの方針に立っています。

日本目録規則(NCR)
1987年版改訂版
第9章改訂案説明

横山　幸雄（国立国会図書館・JLA目録委員会委員）

YOKOYAMA Yukio
yokoyama@ndl.go.jp

　説明は主に第9章改訂案（p72-95）、関連して現行の日本目録規則1987年版改訂版第9章、図書館雑誌掲載の「『日本目録規則1987年版改訂版』第9章の改訂について」（以下、「改訂について」と略）にも触れていく。

　さて、第9章改訂案についての説明は、かなり頁数もあるので、逐条的にすべてというわけにはいかない。現行の第9章、また第1章と見比べるとわかるが、かなり機械的に第1章の表現を取り込んだところがある。他の章でも、第1章のどの条文によるという表現が多いが、第9章の検討の際に第1章に戻らなくても第9章だけで検討ができるように、第1章の該当する条文を取り込んでいる。さらに、過不足があれば第2章等からも適宜取り込んだため分量がかなり大きくなった。現行の第9章で10頁ほどだったものが第9章改訂案で倍になっているが、増えた分の半分以上は、第1章の条文から取り込んだところである。また、今回の改訂では、ISBD(ER)等から相応しい文言を取り込んでいるので、その分も分量が多くなっている。そのような訳で、第1章から機械的に取り込んだ箇所については説明を省略させていただく。

　また、前置きになるが、「改訂について」を見ていただきたい。いままでの経緯と位置付けを説明しているが、第9章の位置付けのところで、目録規則全体に関わる問題が出てきた。例えば、電子雑誌（ここでは一般的な用語として用いている。データ内容としては記述する際は、電子ジャーナルという言葉を用いる）を第9章で扱うことができるようになり、今までの目録規則の体系から外れた形になっている。現行の規則では、逐次刊行物は第13章ということになっているが、第9章改訂案では、電子ジャーナルを第9章で扱うこともできるとした。ここでは、電子雑誌、電子ジャーナルを第9章で扱うことができるよう条文が改訂されている点を押さえておきたい。

「図書館雑誌」Vol.93 No.11
1999.11 p.936-937

> **Q.** 第9章は、大分第1章を取り込んでいるが、今後逐次刊行物の章を改訂する場合も同じ方針で改訂するか。
>
> **A.** 今回第1章をとりこんだ意図は、2つありました。第1にはこの章を単独で刊行する際に、参照するところを入れておかないととても使いづらいので、それを避けるためであり、第2には電子資料の問題を扱う際に基本問題に立ち戻らねばならないところが種々あり、その点で第1章と照合するようにしておけば便利だということであります。第13章、逐次刊行物についてどうするかは、まだ決定しておりませんが、逐次刊行物は、その内容からみて、この章の取り扱いと類似するかもしれません。

p.72参照

9.0（通則）

　現行の第9章と見比べていただくとわかるとおり、変更の多いところである。章名の変更については「改訂について」で触れたとおりだが、コンピュータファイルという名称を改め、電子資料とした。

　名称を決定する過程においては、さまざまな議論があった。英語でいう「electronic resources」のうちの「resources」（資源）という用語と、伝統的な「図書館資料」との折り合いをどうつけるか、また、「出版物」等の用語との中でかなり議論はあったが、最終的には現在ここに提示している「電子資料」となった。ある意味で簡潔な表現であり、既に「電子資料」という表現で目録が作成されている実績も勘案した結果である。

　さて、第9章では「電子資料」を扱うわけだが、その内容は「コンピュータによって利用可能となるデータ、プログラム、または両者の組み合わせ」であり、これについては現行の第9章と変わらない。ただし、さらに内容を展開していくと、「電子資料の利用は、ローカルアクセスとリモートアクセスの場合がある。」という表現が加わった。これによって、いわゆるネットワーク系の電子資料を目録対象とすることが可能になったと考えている。

　ローカルアクセス、リモートアクセスという耳慣れない表現については、用語解説を検討した。第9章改訂案の最後の頁（p95）を見ていただきたい。両方とも電子資料の利用形態に関するものである。

　ローカルアクセスの場合は、利用者自身がキャリア（この用語が大事である）をコンピュータに挿入することによって、利用者自身がキャリアを持って、利用するということである。それに対してリモートアクセスという概念がある（といっても背反的な意味ではない。その点については、後ほど村上氏のコメントでも触れられるようだが）。リモートアクセスの場合は、利用者自身の操作すべきキャリアがない、キャリアを自ら操作するわけではない。キャリアはその場合、コン

ピュータの大規模記憶装置やPCのハードディスク等に格納されている。場合によっては、CDチェンジャーに入っているもの、利用者がCD-ROMに直接触れることがない場合もリモートアクセスに相当すると考えている。

　この場合に重要な概念となる「キャリア」についても、用語解説に示した。参考までに「容器」との違いを見ていただきたい。「キャリア」は、ISBD(ER)では「physical carrier」であり、「形態的キャリア」と訳した論文もある。キャリアと容器（container）の違いは、「容器」は「資料本体」と物理的に分かれるものである。それに対して「キャリア」は、物理的に分けると、資料として利用する際に意味がなくなってしまう。具体的には、カセットやカートリッジ、内容が収められているそのケースがキャリアに相当する。わざわざそのケースを壊して中身を見たいとか長さが何フィートあるかと調べる必要はないし、そうしては利用に適さなくなる。そもそも物理的に分離してはいけないものである。この点でキャリアと容器は大きく違いがある。このキャリアの扱いの違いが、ローカルアクセスとリモートアクセスの違いとなる。

　例えば1枚のCD-ROMでも、利用者が自ら操作して利用する場合はローカルアクセスになるし、ネットワーク環境、CDチェンジャーに入っているものを利用者が別のPCから利用する場合はリモートアクセスになる。1つのものが、場合によってローカルアクセス、リモートアクセス、どちらのアクセス方法も有り得るということを念頭においていただきたい。

　通則で大事なことの2点目は、「なお、電子資料の記述に必要な条項がこの章で得られない場合は、関連する各章に規定するところによる。」ことである。具体的には、電子ジャーナルを記述する場合、電子資料として第9章で目録を作成するが、巻次・年月次については第13章を見て必要なデータを得るということである。「また、該当する適切な章によって記述を作成することもできる。」は、その逆に、電子雑誌は逐次刊行物として目録を取りたいという場合に、第9章でなく第13章によるということである。

9.0.2.1 （記述の対象）

p.72参照

　「原則として、単行資料または逐次刊行物」云々とあるとおり、ここで改めて、電子ジャーナルは、第9章で目録を作成することが可能であると明言している。関連して、以下各所に逐次刊行物という表現がある。

9.0.3.1 （記述の情報源）

p.73参照

　ここで押さえておくべき用語は2つ、「内部情報源」と「外部情報源」である。これらはISBD(ER)にも用語索引として載っていない。用語としては「Guidelines for Bibliographic Description of Interactive Multimedia」（村上氏と北氏による翻訳が『現代の図書館』に掲載されている）に出ている。そこでは、用語定義というより、その内容が列挙してある。第9章の用語解説でどう取り上げるかは未検討であるが、用語として重要なものである。

「インタラクティブ・マルチメディア書誌記述のガイドライン」 現代の図書館 Vol.35 No.1 1997.3 p.47-59

ア）内部情報源
(1) タイトル画面（ページソース等のメタデータを含む）
　具体的には、インターネットでホームページを見た場合、目の前の画面（タイ

トル画面）でタイトルが判ればよいが、判らない場合でもブラウザでページ情報、ページソースを見ることができるので、そこにタイトルタグ等でタイトルが表示されていれば、広い意味でのタイトル画面として、そこから情報を得ることができるということである。

　(2) その他の内部情報源（メニュー、プログラム記述、リードミー・ファイル、索引など）

　内部情報源を記述の情報源として優先することは、第9章の大きな特徴である。従来のものは「外部情報源」として括ってあるが、パッケージ系の電子資料では資料本体に永久的に貼り付けられているラベルや付属資料、容器（container）、これらに明示的にある情報によっても目録を作成することはできる。ただし、内部情報源のほうが優先される。

　ネットワーク系の電子資料、というよりリモートアクセスの場合、利用者にとって、外部情報源が存在せず、内部情報源からしかデータを得ることができない。このように規定した内部情報源、外部情報源によって、各書誌的事項の情報源も定められている。

p.75参照

9.0.5（記述の精粗）

　図書館の事情に応じて必須、標準、詳細の3レベルに分けているが、リモートアクセス可能な資料においては、特定の事項（版に関する事項、形態に関する事項）で事情が異なるため、注意を喚起するために付け加えた箇所がある。「ただし、リモートアクセス可能な資料においては…（中略）…版に関する事項…（中略）…形態に関する事項は常に記録しない。」

　つまり、第1水準で目録を作成する場合、本タイトル、最初の責任表示、版表示、ファイル内容…となるが、リモートアクセスされる資料では場合によって版表示がない可能性がある、形態に関する事項が存在せずデータとして記録されないことがある、ということである。

Q. WWW等では、NCRでいうところの単行資料ばかりでなく構成単位の資料もある。さらには、目次単位でURLが分かれている例がある。この点で規則の中でリモートデータ（特にネットワーク系データ）の記述対象の範囲を定義する予定はないか。

A. 書誌レコード単位の把握の問題と関係していると思いますが、現行の日本目録規則の枠組みでそこまで踏み込んだ条文を用意することは困難であると考えます。各目録作成機関では、必要に応じて、記述対象を選定してください。

Q. 今回の改訂案では、リモート／ローカルのアクセスの違いにより、同一コンテンツが最低限2種類の書誌記述を持つことにならないか。

> A. アクセス方法の違いは、それだけでは別書誌レコードの根拠とはなりません。共同分担方式による総合目録においては、同一書誌レコード中にリモート／ローカルアクセスそれぞれに必要な書誌的事項を追加することになると考えます。
>
> Q. ローカルアクセスの場合は「利用者にとって」という観点からすると、外部情報源を優先した方がよいと思われる。
>
> A. 例えば、図書でも、利用者にとっては背のタイトルを本タイトルとしたほうがよいという議論があると思いますが、背のタイトルを優先させる規定はありません。タイトルの安定性を考えると、内部情報源を優先させることとしたISBD(ER)および今回の第9章改訂案の方向で問題なし、と考えます。

9.1 （タイトルと責任表示に関する事項） p.78参照
9.1.2 （資料種別） p.80参照

　資料種別は章名でもあるが、データとして記述するか否かは任意規定である。つまり、資料種別「電子資料」を記録するか否かは、どのような目録を構成するかによって、それぞれの図書館が決めることである。しかし、「電子資料」の有無によって、後のほうの項目、具体的には「ファイル内容」で記録すべきデータが異なってくることは注意が必要である。

> Q. 9.1.1.1Cでの「優先順位」を具体的に示している規定は何か。また、9.1.1.1とはどのような関係か。
>
> A. 従うべき優先順位は、9.0.3.1（記述の情報源）によります。それぞれの情報源ごとに、9.1.1.1によってタイトルの判断を行い、各タイトルに相違があれば9.0.3.1および9.1.1.1Cによって本タイトルを選定します。

9.2 （版に関する事項） p.81参照

　全体として今までとかなり違う形の条文を提示している。

9.2.0.0 （記述の意義）

　「なお、リモートアクセス可能な資料において、ファイル内容の更新が随時行われる場合は、版に関する事項は記録しない。」
　本来なら版に関する事項に相当する語句であっても、頻繁に変わるような情報は、版表示でなく注記したほうがよいだろうということである。

p.82参照

9.2.1.1（版表示とするものの範囲）

　それ以上に重要なのは、版表示の内容であり、現行の第9章とは大分違っている。現行では、版表示の範囲について「コンピュータファイルが、特定のバージョンであるとき」云々とあり、応用プログラム、オペレーティング・システム等は版表示とするとしていたが、今回の改訂案ではこれらを「版表示としない」と改めている。すなわち、改訂案の9.2.1.1A 別法1、別法2にあるとおり、フォーマットの違い、応用プログラム、オペレーティング・システム（OS）を表す特定の名称等、外装の違い等は原則として「版表示として扱わない」とした。ただし、今までの慣行等を考慮し、「版表示として扱う」別法を2つ設けてある。

　具体例として「Windows NT 日本語版」を取り上げているが、これを版表示として扱うか否かについて、大きな変更があった。つまり、改訂案では版表示として本来扱うものの範囲に、これらは該当しないとしたわけである。

Q. 「版表示」の問題は、書誌的記録作成単位（単一の記述にまとめる単位）の問題であることを明記すべきと考える。従って、単一の版が複数の形態的事項などを伴う事例が存在する点を明記、あるいは例示すべきと思う。あるいは、「版エリア—ファイルの特性エリア—形態的エリア—注記エリア」全体の構造へのそれぞれの要素（属性）の割り当ての構図を明示（解説を含む）した方が分かりやすくなるように思われる。

A. ご指摘の件は、特に第9章に限ったことではなく、複合媒体資料の取り扱いに関連して重要な問題だと認識しています。第9章では、例示について検討したいと思います。

Q. 版としないOSの違いがある資料同士は、1書誌として扱ってもよいのか。

A. OSの違いは、それだけでは別書誌レコード作成の根拠となりません。レコード作成は、各目録作成機関が決定すべき事項であると考えます。なお、ISBD(ER)では、版としないOSの違いがある資料毎に書誌レコードを作成する方法を別法としております。

---

p.83参照

9.3（ファイルの特性に関する事項）

　ここにはファイル内容、ファイルの数量と大きさのみが残り、プログラム言語等、適用機種、オペレーティング・システムは注記に移した。ただし、ファイルの数量と大きさは任意規定とした。

9.3.1（ファイル内容）

　従来と用語法等、際立った違いがあるが、文章として述べるのではなく、表の形

でまとめてある。ファイル内容としてどういう用語を使えばよいか一覧表になっている。

　ここで、先程述べた「資料種別」との関連が出てくる。目録データとして「電子資料」と記録してあれば、内容が電子的であることはわかるため、改めてファイル内容のところで「電子」を繰り返す必要はなく単に「データ」でよい。一方、資料種別を使わないとすると、いきなり「データ」では違和感がある。「電子データ」とする次第である。

　このように、資料種別「電子資料」を使わない場合は、「テキスト・データ」でなく「電子テキスト・データ」という用語を使うべきことを表中のかっこ書きで示した。ただし、一部の用語では「電子」を落とすと具合が悪いので、資料種別を記録した場合でも「電子ジャーナル」「電子新聞」としている。

　プログラム関係については逆である。ISBD(ER)では、英語の特性として、すべて頭に「Electronic」を冠した形になっているが、日本語では「電子システム・プログラム」という表現は不自然である。資料種別「電子資料」を使わない場合でも、「電子」を省き「システム・プログラム」でよしとした。

　図書館によって、精密に使い分けたい、また特定の資料群についてだけ詳しく他は簡略でよいという場合は「その規模や方針に応じて、3つのレベルのうちいずれかを選択する」ことができる。さらに、ここに収まらない、または適切な用語でないと判断された場合は、「それぞれの図書館が定める用語」によって記入することも可能にしている。

9.4（出版・頒布等に関する事項）
9.4.0.0（記述の意義）

p.85参照

　「リモートアクセス可能な資料は、すべて刊行物と見なす。」

　インターネットでアクセスできるホームページの目録を作成する場合、それらはすべて刊行物として扱う。「非刊行物」はローカルアクセスされる資料に限ることになり、パッケージ系のもののみ該当する。

9.40.0D（ローカルアクセスされる非刊行物）

　単に「非刊行物」としてもよいが、リモートアクセスされるものは非刊行物でありえないので、改めて注意を喚起する意味で「ローカルアクセス」が付け加えてある。

9.5（形態に関する事項）
9.5.0.0（記述の意義）

p.87参照

　「リモートアクセスのみ可能な形でコンピュータに格納されている場合は、形態に関する事項は記録しない。」

　リモートアクセスのみ可能ということは、手元にその資料がなく、形態、大きさ等を計れないということである。逆にリモートアクセスも可能な場合は、ローカルアクセスとして形態に関する事項を記録することになる。

9.5.1（特定資料種別と資料の数量）

p.88参照

第9章で必要と思われる特定資料種別については、一覧表の形で用意した。図書館の規模や方針に応じて、第1レベルなり第2レベルの選択が可能になっている。表には、今時用いるのかという用語もあるが、古い資料を扱うところもあるだろうと考え、現行の第9章にある用語をそのまま残してある。最新の用語については、どこまで追えばよいか難しいところがある。ここに掲載されていない新しい用語を、既に使用しているところもあるかもしれない。

　「表中に適切な用語がない場合は、それぞれの図書館等が定める用語を使用することができる。」としたので、この目録規則に用語がない場合は、そのとき使われる標準的な用語を使っていただけばよい。

　特定資料種別としていろいろな媒体が出てくるとその数量の用語についても追加しなければならないが、9.5.1.2Aで列挙したもので足らない場合は、敷衍してもらいたい。

p.89参照
9.5.2（その他の形態的細目）
　コンピュータ関係の用語として、横文字、アルファベットの記録が多くなる。それに対応した条文として、9.5.2.2（記録の方法）で例を挙げてある。

p.90参照
9.6（シリーズに関する事項）
　特に言及すべきことがないので、省略する。

p.92参照
9.7（注記に関する事項）
　概して注記は必要があるから書くものだが、特に電子資料の場合、不可欠の注記が何種類か存在する。

9.7.3（注記の種類）
　通常は注記を書く順番が決まっており、9.1（タイトル）、9.2（版）、それぞれに関連する順番に書く。どこにも属さない場合が一番最初に書かれるわけであり、これは目録規則の他の章でも同じ構成である。第9章では、特に重要なもの、実際には9.3や9.5に相当するファイル内容、ファイルの特性に関する注記を前に持ってきている。

9.7.3.0 ア）（誤記・誤植等）
　他のどこにも属さない注記であり、最初に記録する。

9.7.3.0 ウ）（システム要件）
　イ）からエ）は、電子資料に特有の注記である。ウ）はさらに展開し、細かく項目を設けてある。従来、ファイルの特性として記録していた注記でここに移したものもある。ここで記録すべきことは、適用機種、ハードウェア、オペレーティング・システム、ソフトウェア、周辺装置の種類と特徴などであり、利用の際に必要な情報が注記で得られることになる。

9.7.3.0 エ）（アクセス方法）
　リモートアクセス可能な場合、アクセス方法の注記を不可欠とした。この「必ず注記する」という表現は他にもあるので、注意していただきたい。リモートアクセス可能な資料の場合、どういう形でアクセス可能かを記録しないと、実際に

その資料を利用できない。ローカルアクセスの場合は手元にあるので何とかなるが、リモートアクセスの場合は、アクセス方法の記録がない限り「絵に描いた餅」であり資料の利用ができないため、注記が必要となる。

9.7.3.1（タイトルと責任表示に関する注記） p.93参照

「タイトルの情報源は、必ず注記する。」タイトルの情報源として内部情報源を優先するわけだが、内部情報源が不十分であったり内部情報源からの記録が困難という場合、例えばCD-ROMの内部情報源を見ずに、パッケージに貼られているタイトルを記録する場合、タイトルをどこから得たかという情報が記録されないと、内部情報源からと見なされるおそれがある。また、記録したタイトルの情報源と異なり、かつアクセスポイントとすべき別のタイトルがある場合は、そのタイトルの情報源も注記する（9.7.3.1B）。このように、タイトルに関する注記はかなり重要であると認識している。

9.7.3.2（版および書誌的来歴に関する注記）

「リモートアクセス可能な電子資料において、ファイル内容の更新が随時行われる可能性がある場合は、どの時点で目録作成を行ったか」、目録を作成した段階でどのバージョンだったか、そのアクセスの日付を記録することで、内容を推測する手がかりとなる。

9.7.3.4（形態に関する事項）

リモートアクセス可能な資料の付属資料については、形態に関する事項に記録しないため、形態に関する注記として記録することになる。

9.8（標準番号，入手条件に関する事項） p.93参照

特にここで取り上げて説明するものはない。

これで第9章改訂案の説明は終了する。

Q. 「ファイルの圧縮」に関する事項への言及が明示的にないように思うが、ISBD(ER)と異なるのではないか。「記録速度」に「ボー（baud）」という単位が使用されているが、「ボー」は通信の速度の単位で、ファイルの記録の速度等に使用するのは不適切ではないか。

A. 「ファイルの圧縮」に関する事項は、注記において言及する予定です。「記録速度」は、現行の第9章から受け継いでいる箇所ですが、ご指摘のとおりだとすれば不適切であり変更すべきだと思います。

Q. リモートアクセス時のアクセス条件は、対象資料のネットワークマウント等方法論の異なりで様々になるように考えるが、個々の目録作成館単位の書誌作成ではなく、共同分担目録方式や民間MARCなどの書誌記述の構造はどうなるのか。

A. 複数のアクセス条件がある場合は、同一の書誌レコード中にそれぞれの条件を記録することになります。ただし、所蔵情報として記録すべき情報であれば、書誌レコード中には記録できません。

国立国会図書館における電子資料の組織化
―NCR9章適用をめぐる検討と問題点―

児玉 史子（国立国会図書館）
KODAMA Humiko
hkodama@ndl.go.jp

I はじめに

国立国会図書館では平成10年度から電子資料の組織化を開始している。その現状を簡単に報告したい。まず、電子資料を巡る国立国会図書館の動きについて紹介する。当館では創設以来、国の中央図書館として納本制度により国内出版物を収集しているが、近年の電子出版物の急増に対して如何に対処すべきかが課題となってきた。

そこで平成9年3月納本制度調査会を設けて21世紀の納本制度の在り方について諮問し、平成11年2月22日に最終答申を受けた。その内容は以下の通りである。

① 「パッケージ系電子出版物」は納本の対象とする[1]

② 「ネットワーク系電子出版物」は当分の間納本の対象外とし、契約により選択的に収集する

③ 利用に供するにあたっては、著作権者等、発行者、利用者それぞれの便益の均衡を図ることが重要、そのためには、国立国会図書館と著作権者・発行者等との間で十分協議し、合意を得る必要がある。最も妥当な利用の在り方については、新たなルールを策定することが必要である。[2]

平成11年度に入り、納本制度調査会を改組した納本制度審議会において実施に必要な事項についての審議を行った。次期通常国会において国立国会図書館法の改正を行い、平成12年10月1日新納本制度施行の予定で準備を進めている。（国立国会図書館月報1999年4月号参照）[3]

この納本制度の改正に備え、電子出版物の組織化については、ワーキンググループを設けて検討を開始し、平成11年3月から「日本全国書誌」への掲載と資料組織化に着手している。

---

1) 答申では、情報を電子的媒体等の使用により公表することを「電子出版」、電子出版によって公表されたものを「電子出版物」と定義する。さらに電子出版物のうち、通信等により情報を送受信するものを「ネットワーク系電子出版物」、有形の媒体に情報を固定したものを「パッケージ系電子出版物」と定義している。

2) 納本制度調査会の答申では、パッケージ系の納入にあたっては、頒布の形態に関わらず、所有権を当館に移転することが適当で、著作権者・発行者の理解と協力を得ることが不可欠であるとしている。さらに、平成11年7月19日納本制度審議会（調査会を改組）は、「パッケージ系電子出版物の納入に係る代償金の額について」答申。そのなかで、代償金の額の決定については、当該納入出版物1部あたりの生産に要する費用（小売価格、スタンドアローン使用価格）の4割以上6割以下の範囲内で国立国会図書館長が定める金額とすると述べている。

3) 平成12年4月7日公布　国立国会図書館法の一部を改正する法律

II 国会図書館における電子出版物の
書誌コントロールについての検討

1. 検討の経緯

　平成10年11月、館内検討組織として発足した書誌調整検討委員会によってパッケージ系電子出版物の書誌コントロールの検討を開始した。

　当館の和図書書誌データはNCR 1987年版改訂版に準拠しているが、電子資料を対象とする第9章が改訂中なので、その動向を考慮して検討した。改訂案については、「図書館雑誌」1998年5月号、およびISBD(ER)（国際標準書誌記述（電子資源））を参照しながら検討した。検討経緯は以下の通りである。

①12月7日　DAISY (Digital Audio-based Information System) 仕様による視覚障害者用録音資料（CD-ROM版）の資料組織化についての検討会

　視覚障害者録音図書製作図書館から録音製作図書（CD-ROM版）の書誌コントロールについての検討依頼があったため、河村宏氏（日本障害者リハビリテーション協会）の参加を得て検討した。DAISY仕様CD-ROM版は、将来、文字情報・動画までを含めたマルチメディアへ発展する方向を想定しているので、「録音資料」としての取扱いではなく、「電子資料」としての取扱いをしたいとの意向があり、電子資料として取扱うこと、また、再生時間の記録が必要とのことだったので、注記で対応することとした。

②12月24日　NCR第9章改訂案作成状況報告会

　永田治樹氏（日本図書館協会目録委員会委員長）から、NCR第9章改訂の進捗状況、改訂のポイント（訳語、版表示、ファイルの特性、形態、注記）、ネットワーク系電子出版物の書誌コントロールについての説明を受けるとともに、当館の検討状況、方向性について説明した。

③11年1月　「パッケージ系電子出版物の書誌コントロールについて」報告書提出

④11年3月　「ネットワーク系電子出版物の書誌コントロールについて」報告書提出

　以上をふまえて、「日本全国書誌」1999-10号から、非図書資料の部に平成10年度受入分から電子資料のデータ掲載を開始した。

2. 主な論点

　検討にあたって特に問題となった点と、実際に作業を開始して問題になってきた点を以下にあげて説明する。検討に際しては、原則としてNCR 1987年版改訂版にできるだけ従うこととしたが、時期的に改訂案がまだ作成中であったこともあり、必ずしも現改訂案にしたがった結果とはなっていない。その点については、改訂案が決定版となった段階で再度の検討を行い変更していくこともありうると考えた。現在もその方向で考えて検討を進めている。

①「電子資料」の位置づけ

　電子資料とは何かということが問題になるが、当館の検討においては、納本と

いう形の収集が中心なので、納本制度審議会の答申に沿う形で電子資料を定義し検討を進めた。そのため、改訂案通則にいうローカルアクセス、リモートアクセスの概念とは異なるものとなっている。

まず、議論になったのは、適用にあたって何を第一に考えるかということである。つまり、図書・逐次刊行物という区分を優先すべきか、電子資料という資料区分を優先すべきかであるが、ISBD(ER)および検討会の意見等を参考に、電子資料においては利用機器が不可欠であり、書誌データ上もその記録が必要という媒体の特殊性、また図書・逐次刊行物の区分が曖昧になっていることなどから、改訂案と同様第9章優先で考えた。ただし、この点については現在も検討中である。

②情報源

「図書館雑誌」1998年5月号の改訂案を参照し、原則としては内部情報源優先を採用することにしたが、現状では、対応するOS・機器の問題、ウィルスの問題（『防衛白書』平成10年版はウィルスのため回収・差し替えをした）および作業効率の問題等から外部情報源（付属資料、容器）で対応せざるをえない状況にある。

③資料種別の用語（改訂案はコンピュータファイルから電子資料へ）

「電子出版物」（納本制度調査会答申中の用語）、「電子資源」（ISBD(ER) Electronic Resourcesの直訳）、「電子媒体資料」などの提案もあったが、改訂案決定後はあらためてNCRに準拠することとし、当面は「電子資料」を採用することにした。なお、資料種別の記録については改訂案では任意規定となっているが、当館ではマイクロ資料、静止画資料、録音資料等すべて採用している。

④版表示

版表示は、内容の変更に関わる部分が版次、キャリア・フォーマットの違い等は版表示としないことを原則とするISBD(ER)に準拠した。この点は原則的には改訂案と同じである。

しかし、現状では改訂案9.2.1（版表示）の適用はなかなか難しく、試行錯誤の連続で、ゆれているのが実状である。今後マニュアルを作成し細かく対応していきたいと思っているが、例えば「Windows改訂版」、「Win新版」と記載されている場合などは、版表示にひかれがちであり、実態としては9.2.1.1A別法を採用したような結果となっている場合が多い。

また当館では、NCRの図書2.2.1.1Aに従い、図書の記述において、外装に差がありかつ特定の版として表示されているものは版として扱う（新装版、縮刷版、机上版）。「版」という語がついていても、最新版、豪華版、保存版等は異版がなければタイトル関連情報として記録する。私家版、カラー版等はタイトル関連情報として記録している（国立国会図書館「日本目録規則1987年版改訂版」和図書適用細則「全国書誌通信」no.103参照）。電子資料については、これに相当する規則が、本則ではなく9.2.1.1A別法2となっている。当館のように図書、電子資料を同一目録上に搭載している場合は、章によって判断が異なることは混乱を招くのではないかとも思われる。

⑤ファイルの特性に関する事項

新規に必須の事項として採用した。現在使用している用語はISBD(ER)を参照

して、データファイル、プログラムファイル（ゲームソフト、アプリケーションソフト）、データ及びプログラムファイル（どちらかが主体と判断のつきにくい場合）である。

改訂案9.3.1.2との違いもあり今後検討を要する点である。

ファイルの数量と大きさについては、明示してあれば記録することとしたが、明示がないため現状ではほとんど記録していない。

⑥形態に関する事項

特定資料種別と資料の数量は、日本目録規則1987年版改訂版に従いマニュアルにより順次用語を定めて使用している。現在使用している用語は、改訂案との違いもあり、検討が必要である。

その他の形態的細目は、当面不使用である。

⑦注記

注記の順序は、改訂案はファイル内容・目的、システム要件が先に来ているが、当館では、日本目録規則1987年版改訂版に従ったため、順序が異なっている。記録の順序はいずれ改訂案に従い変更するつもりである。

　ア）ファイルの内容・目的

　　　ファイルの特性に関する事項を第1レベルで記録するので、必須ではないが無視出来ないものを記録している。

　　　　（例）使用権フリー素材集、フリーウェア・シェアウェア集

　イ）システム要件

　　　区切り記号の＋記号は使用していないが可能な限り記録している。

　　　　（実例）Windows95、Mac OS、漢字トーク7.5以降

なお、視覚障害者用CD-ROMに関しては、再生時間を注記することとした。

⑧入手条件・定価について

定価は任意規定であるが、明示してあれば記録することとした。パッケージ系電子出版物では、価格はスタンドアローン利用価格及びネットワーク利用価格として明示される場合もあるが、この場合はスタンドアローン利用価格を記録することとした。なお、ネットワーク利用価格の記録については、今後の検討に委ねざるを得ないと考えている。

3. 現状と問題点

①逐次刊行物の扱い

検討段階で、逐次刊行物に必要とするデータ項目（巻次・年月次に関する事項、刊行頻度に関する注記、所蔵事項、休廃刊）は検討したが、現在、当館では入力システムを変更中でありデータ作成作業はおこなっていない。現在作業開始に向けて、「電子資料における逐次刊行物とは」という定義を含めて検討中である。今回、通則に他章との関係が明記されたことは、検討において重要なポイントになると考える。

②量の問題

現在は和洋含めて平均80件／月（1,000件／年）の作業であるが、納本が開始

される平成12年10月以降は年間約7,000～10,000件の受入（現行の8～10倍）を見込んでいる。この急増する資料にどのように対処し、かつデータ品質を保つかが大きな課題となっている。また、現状では著者標目は1件のみ、件名・分類標目（NDC）は付与していない。これらの点についても、今後改めて検討していかねばならない課題である。

　上記の逐次刊行物の取扱い、大量の資料に対する効率的な業務の在り方等については、現在もなお検討中である。また、NCR改訂案をもとに適用細則の作成を開始しているが、この細則作成にあたっては改訂案が決定版となるのを待ち微調整していきたいと考えている。

4. ネットワーク系電子出版物についての検討

　検討に際し、国内5機関（図書館情報大学図書館、早稲田大学図書館、京都大学図書館、奈良先端科学技術大学院大学、学術情報センター）[4]、海外12機関（LC、カナダ、オーストラリア、英国、フランス、ドイツ、オランダ、デンマーク、スウェーデン、フィンランド、中国、シンガポール）[5]に、収集方針（方法、基準、種類、保存）、書誌作成（基準、方針、問題点）、書誌提供、メタデータについての問い合せを行った。

　その中で、書誌情報の作成にあたっては、書誌コントロールのツール、逐次刊行物的性格を持つものの扱い、書誌作成の単位、メタデータへの対応等、また書誌情報の提供では、全国書誌の対象か、蔵書目録をどう提供するか等、数々の検討課題が提起された。

　世界的に見てもネットワーク系電子出版物の書誌情報については試行錯誤の段階であり、書誌情報の作成・提供について類似機関の共同プロジェクトを立ち上げ問題解決にあたっている事例も見られる。日本においても、図書館、大学、研究機関、出版社等の共同事業として推進する必要があろう。

[4] 国内5機関のうち、下線は回答あり（5/4）

[5] 海外12機関のうち、下線は回答あり（7/12）

日本目録規則(NCR)
1987年版改訂版
第9章改訂案について

村上 泰子（梅花女子大学）
MURAKAMI Yasuko
yasuko@baika.ac.jp

1 はじめに

多様な電子媒体資料の出現を背景として、『日本目録規則1987年版改訂版』第9章コンピュータファイルの改訂作業がJLA目録委員会によって進められてきた。その第1次案概要が1998年5月号の『図書館雑誌』誌上で公表されたが、その後のISBD(ER)の刊行を受けてさらなる改訂案の概要が1999年11月号の『図書館雑誌』において提示された。それによれば、今次改訂案の改訂ポイントは、次の7点である。

（1）章名の変更
（2）ローカルアクセスとリモートアクセス
（3）内部情報源の優先
（4）版表示の記録と範囲
（5）ファイルの特性
（6）特定資料種別
（7）注記[1]

ここでは中でも最も大きな変更である（2）、（3）、（4）について、現行NCR1987年版改訂版の9章（以下、旧9章と表記）およびISBD(ER)との比較を通して、新案の特徴および問題点について検討する。なお（5）、（6）、（7）については、（2）、（3）、（4）との関わりにおいてのみ取り上げる。

2 ローカルアクセスとリモートアクセス

	旧9章	新9章	ISBD(ER)
ローカル	（ローカルアクセスの媒体資料のみが対象。[2]）	記述対象を利用する際に記録媒体を直接的に操作する必要がある。	利用者がコンピュータまたはコンピュータ付属装置に挿入しなければならない。
リモート		利用者は記録媒体に触れることはない。	アクセスはコンピュータ・システムに接続された入出力装置の利用、またはハードディスクその他の蓄積デバイスに蓄積されたリソースの利用によってのみ可能である。

---

1) JLA目録委員会「『日本目録規則1987年版改訂版』第9章の改訂について」『図書館雑誌』Vol.93, no.11 (1999.11), p.936-937.
2) 旧9章「通則」では次のように規定されている。
9.0 通則
　この章では、コンピュータやワードプロセッサによって読み取りが可能な補助記憶媒体に記録されている文字、数字、図形などのデータファイル、特定の作業を実行させるためのプログラムなどのプログラムファイル、およびそれらの付属資料の記述について規定する。対象とする補助記憶媒体には、紙カード、紙テープ、OCR文字により印刷された文書、磁気テープ、磁気ディスクパック、フレキシブル・ディスク、カセット・テープ、ビデオディスクなどが含まれる。ただし、これらの媒体でも、主として音声や映像を記録してあり、コンピュータやワードプロセッサ以外の再生装置を通して表出される資料は、それぞれ第6章、第7章で扱う。

図書館によるネットワークを介した情報提供が広く行われるようになってきたことを背景として、新9章においては、リモートアクセスという概念が新たに付加された。

　両者の区分は、個別館の利用の態様によって分けられるのではなく、その資料自体がどのような利用方法を可能としているか、という区分を意味している。したがって二つの区分は互いに排他ではなく、

　　ローカルアクセスのみ可能な資料
　　リモートアクセスのみ可能な資料
　　ローカルアクセスもリモートアクセスも両方可能な資料

の3つのケースが考えられる。

　さらに「リモート」という用語について、新9章では「利用者は記録媒体に触れることがない」という説明のみであるが、『図書館雑誌』の新案のポイントは「ローカルアクセス」と「リモートアクセス」の区別に触れて、次のように説明している。

　　　2つの概念の導入は、パッケージ系資料（CD-ROM、DVD等）とネットワーク系情報資源（オンラインジャーナル、インターネットホームページ等）に対応するものと捉えることもできるが、ネットワーク環境でパッケージ系資料を扱う場合がある等、様相は単純なものではない。新案における両者の差異は、記述対象を利用する際に記録媒体を必要とするか否かの違いに起因する。すなわち、形態に関する事項の記述が必要か否かという点で、両者は区別されることとなる。[3]

　また11月20日検討会における目録委員からの、「パソコン購入時にあらかじめインストールされているソフトウェアも「リモートアクセス」として扱われることになるであろう。」との説明からも、ここでの「リモート」の語は距離の遠近を問わず、かなり広い範囲に適用されるものと考えられる。[4]たとえば、下図1において、図書館内の端末のすぐ横に置かれたチェンジャーに搭載されたCD-ROMは「リモート」利用されていることになるであろう。一般に「リモート」というと、ウェブページを通しての利用や、LAN上のCD-ROMサーバでの配信などを思い浮かべがちであるが、日常用語とは著しく異なった概念であることに注意が必要である。[5]

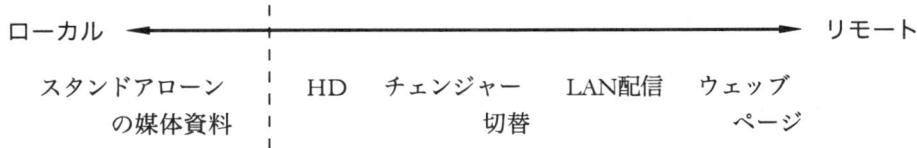

　あるCD-ROMがスタンドアロンでもまたLANでも利用可能である場合、これはローカルアクセスとリモートアクセスの両方が可能な資料であると判断されるが、これをハードディスクに落として利用する場合にはハードディスク上に存在している資料はCD-ROMの原資料代替物である。したがって、これはCD-ROMとは別途、複製物としての取扱いが必要である。

---

3) 前掲 1), p.937.

4) ISBD(ER)においても、「"リモート"の語は必ずしも距離の遠近を問うものではない」と特記されている。ISBD(ER): International Standard Bibliographic Description for Electronic Resources, Revised from the ISBD(CF): International Standard Bibliographic Description for Computer Files. Munchen: K. G. Saur, 1997, 109p. p.1.

5) こうして記述された目録を一般利用者が検索した場合に、検索結果を見て著しく誤解を生む可能性が懸念される。

こうした観点から新9章のリモートアクセス関連部分を抜き出してみると、以下の通りである。(下線筆者)

9.0 通則

9.0.3 記述の情報源

9.0.3.1 (記述の情報源) 記述は、そのよりどころとすべき情報源に表示されている事項を、転記の原則 (1.0.6.1 参照) により、そのまま記録する。(中略) また、資料がリモートアクセスのみ可能な場合、外部情報源は存在しない。

9.0.5 記述の精粗

(前略)

ただし、リモートアクセス可能な資料において、ファイル内容の更新が随時行われる場合は、版に関する事項は常に記録しない。また、リモートアクセスでのみ利用可能な資料においては、形態に関する事項は常に記録しない。

9.2 版に関する事項

9.2.0.0 (記述の意義)

(前略)

なお、リモートアクセス可能な資料において、ファイル内容の更新が随時行われる場合は、版に関する事項は記録しない。(9.7.3.2B 参照)

9.4 出版・頒布等に関する事項

9.4.0.0 (記述の意義)

(前略)

リモートアクセス可能な資料は、すべて刊行物とみなす。したがって、以下にいう「非刊行物」は、ローカルアクセスされる資料に限る。

9.5 形態に関する事項

9.5.0.0 (記述の意義)

(前略)

なお、資料がリモートアクセスのみ可能な形でコンピュータに格納されている場合は、形態に関する事項は記録しない。

9.5.4 付属資料

9.5.4.2 (記録の方法)

9.5.4.2A リモートアクセスでのみ利用可能な資料の付属資料は、注記する。

9.7 注記に関する事項

9.7.3 注記の種類

9.7.3.0 (下記の特定事項に属さない注記)

エ) (アクセス方法) 電子資料がリモートアクセス可能な場合は、そのアクセス方法等を必ず注記する。

9.7.3.2 (版および書誌的来歴に関する注記)

9.7.3.2B リモートアクセス可能な電子資料において、ファイル内容の更新が随時行われる可能性がある場合は、どの時点で目録作成を行ったかを明示す

るため、最新アクセスの日時を記録する。

　上記の個所には「リモートアクセス可能」、「リモートアクセスでのみ可能」の2種類の表現が存在する。「リモートアクセス」および「ローカルアクセス」の区分を前述のように、「ローカルアクセスのみ可能」、「リモートアクセスのみ可能」、「ローカルアクセスもリモートアクセスも両方可能」の3通りに解釈するならば、「リモートアクセス可能」と表現されている場合には、「リモートアクセスのみならずローカルアクセスも可能な場合」が想定されており、「リモートアクセスでのみ可能」な場合とは区別されている、と考えるのが妥当であろう。

　また新9章は電子資料を「利用時に手で触れるか否か」の一点でのみ区分しているが、『日本目録規則1987年版改訂版』の総則の冒頭には、「図書館の所蔵資料を検索するための手段である目録の作成に関し、全国的な標準化を図ることを目的とする」（下線筆者）と述べられており、新9章で想定されている電子資料の中には「所蔵資料」という表現にそぐわないものが含まれているように見うけられる。

　通常「所蔵資料」というと「図書館が所有権を持って蔵書として保管している資料」を意味するが、昨今ではデータ更新の都度差し換えられるCD-ROMのように「図書館が管理権を有している資料」などが登場している。「所蔵資料」か否かの区分軸を加えて電子資料の例を考えてみると、次表のようになるであろう。（各項目に挙げたものは例示であり、すべての場合を網羅しているわけではない。）

	ローカルのみ可能	ローカル／リモート両方可能	リモートのみ可能
所有権を有する資料	買取でスタンドアロンの利用のみが可能なCD-ROM	買取でLAN配信するCD-ROM	買取でFTPなどにより取得されて、ネットワーク利用される電子ジャーナル
管理権を有する資料	盤差換えタイプでスタンドアロンの利用のみが可能なCD-ROM	盤差換えタイプでLAN配信するCD-ROM	図書館側のサーバにあり、契約により管理権を有しているが、契約終了時には削除が義務付けられている電子ジャーナル
所有権・管理権ともに認められない資料	/	/	出版者側のサーバにあり、使用権のみが認められている電子ジャーナル 自由に閲覧可能であるが、随時変更されるホームページ

　これらのうち「図書館が所有権を有している資料」が、通常意味するところの「所蔵資料」である。さらに「図書館が管理権を有している資料」までは、総則にその旨の注釈を加えることにより、「所蔵資料」の範疇に加えることができるだろう。ただ所有権・管理権ともに認められない資料（こうしたケースはリモートアクセスのみ可能な資料の場合にのみ発生すると考えられる）は「所蔵資料」の意味する範囲を越えており、これらを9章において取り扱うのであれば、総則における「所蔵資料」の語は修正が必要と考える。

　また9.7.3.0の注記に「リモートアクセス可能な場合」とあるのは、両方のアク

セス方法が可能な場合と解釈されるが、ローカルアクセスのみによって提供する館の場合には、アクセス方法について記述することは、不可能もしくは意味をなさない。ここには個別館のアクセス方法に関わる記述が混在し、矛盾が生じている。

3 内部情報源の優先

記述の情報源に関して旧9章、新9章、ISBD(ER)で、その優先順位の主たる変更箇所が分かる部分のみ抜粋して比較すると以下のようになる。

旧9章	新9章	ISBD(ER)
ラベル タイトル画面 （メニューを含む） ・ ・ ・	内部情報源 タイトル画面 その他内部情報源 外部情報源 ラベル ・ ・ ・	内部情報源 外部情報源 ラベル ・ ・ ・

旧9章において第2位の優先順位であったタイトル画面が、内部情報源として第1の優先順位となった点が大きな変更点である。

3.1 適用章による優先順位の異なり

この変更をまず他の章との関係から検討する。9章と他章の適用順位について9章の冒頭部分において以下の規定が設けられている。

> 9.0　通則
> （前略）
> なお、電子資料の記述に必要な条項がこの章で得られない場合は、関連する各章に規定するところによる。また、該当する適切な章によって記述を作成することもできる。

この規定は、旧9章および第1次改訂案が「主として音声や映像を記録してあり、コンピュータやワードプロセッサ以外の再生装置を通して表出される資料は、それぞれ第6章、第7章で扱う」と指示していたのに比して、その適用順位の判断を留保している。これは最近のCDやDVDなどのように専用再生機器でもコンピュータでもどちらでも再生可能なファイルが存在することに配慮した変更であると考えられるが[6]、ここで6章「録音資料」との関係について考えると不整合が生ずるように思われる。

6章においては、記述の情報源は「録音されているテキストではなく、資料を構成している部分（資料本体、容器、付属資料など）に表示されている文字による情報」であり、その優先順位は、レーベル、付属文字資料、容器、その資料以外

---

6) この問題については、次の文献において指摘されている。
北克一「『日本目録規則1987年版改訂版』第9章コンピュータファイル改訂案の検討」『図書館界』Vol.50, no.3 (Mar. 1999), p.256-267

の情報源となっている。いまかりにコンピュータで読み取り可能な媒体に音声を採録した資料を記述すると考えた場合に、レーベルを優先する6章によった記述と、内部情報源を優先する9章によった記述とでは、本タイトルに相違が生じる可能性がある。現行規則においては本タイトルが異なれば別書誌である。このことは分館を含む図書館群や、さらに極端に言えばひとつの図書館内においても二重の書誌が作成されてしまう可能性を意味している。異なる図書館群の横断検索など、書誌共有化の進む現在、各章の適用優先順位をある程度示しておく必要があるのではないだろうか。

3.2 本タイトルの優先順位

次に本タイトルの優先順位について検討する。関連するものとして、新9章から以下の規定を挙げる。

> 9.0.3.1（記述の情報源）
>   ア）内部情報源
> (1) タイトル画面（ページソース等のメタデータを含む）
> (2) その他の内部情報源（メニュー、プログラム記述、リードミー・ファイル、索引など）
>   イ）外部情報源
>   （後略）

> 9.1.1.1C
>   タイトル画面、その他の内部情報源、（中略）に表示されているタイトルが相違しているときは、これらのタイトル中に同一のものがあればそれを本タイトルとし、全部相違しているときは、優先順位に従って本タイトルを選定する。（選ばなかったタイトルは注記する。）

> 9.1.1.1Cの例示
>   日本独文学会ホームページ／日本独文学会データベース委員会［編］（注記「タイトルはページソースのタイトルタグによる。タイトル画面には「日本独文学会」とあり」）

この9.1.1.1Cの例示は、内部情報源のうちのタイトル画面には「日本独文学会」と表示されているが、「それ以外の情報源のいくつかに「日本独文学会ホームページ」という同一のものがあり、9.1.1.1Cの規定によってそれが本タイトルとして選定されたことを意味している。そして選ばれなかった「日本独文学会」というタイトルは規定どおり注記されたものであろう。

しかし例示における「タイトルタグ」および「タイトル画面」の扱いは誤解を招きやすい。9.0.3.1においては、内部情報源のタイトル画面に該当するページソースと、タイトル画面そのものとの間の優先順位は示されておらず、9.1.1.1Cの例

示は「タイトルタグはタイトル画面よりも優先される」という意図を含むもの、と解釈される可能性があるだろう。

なお細かな点ではあるが、「ページソース」、「メタデータ」、「プログラム記述」、「リードミー・ファイル」等は従来なじみの薄い語彙であることから、用語解説が必要と思われる。

4　版表示の記録と範囲

まず旧9章、新9章、ISBD(ER) 間における版の扱いを比較すると以下のようにまとめられる。

	旧9章	新9章	ISBD(ER)
知的・芸術的内容の違い	○	○	○　※
バージョン、リリース等の違い（アップグレードを意味する場合）	○	○	○
応用プログラム、OSの違い	○	×（原則）	○
キャリア、システムフォーマットの違い	－	×	△
外装の違い	○	×（原則）	×
巻次、回次、年次等の違い	×	×	－　＊

　　○　　　　　版違いと判断されるもの
　　×　　　　　版違いとは判断されないもの
　　×（原則）　別法では版違いと認められているが、原則では認められていないもの
　　△　　　　　版違いか否かの判断が目録作成機関に委ねられているもの
　　－　　　　　規則で触れられていないもの
　　※　　　　　「知的・芸術的」の範囲が別途説明されている。
　　＊　　　　　本則では触れられていないが、例示に "1993 version" 等の記載がある。

新9章の特徴は「版」に関して非常に限定的に解釈している点にある。上の表で（原則）と記載しているのは、「別法として認められており、原則では認められていない」ことを意味している。

版についてはいくつかの問題点を指摘することができるが、まずひとつめの問題として「外装」の扱いについて検討するため、以下に総則、図書、新9章から規定を抜粋する。

　　総則
　　　1.2.1.1A　外装の差があり、かつ特定の版として表示されているものは版として扱う。
　　図書
　　　2.2.1.1A の例示
　新装版、豪華版、普及版、限定版、私家版、縮刷版
　　新9章
　　　9.2.1.1A　物理的なキャリアの違いおよび印刷やシステムのフォーマットの違い等は、版表示として扱わない。
　　　9.2.1.1A 別法2　外装に差があり、かつ特定の版として表示されているも

のは版として扱う。

　新9章での扱いはあくまでも別法であって原則ではないという点で、総則および図書における外装の扱いとは明らかに異なっている。総則は「あらゆる図書館資料の記述にかかわる基本的な規則」であり、「すべての資料に共通な」規則であることから考えれば、新9章の規定は原則を逸脱した規定であると言うことができよう。ちなみに旧9章においては「次に定めるもののほかは、1.2の規定に従う」として、総則を参照する形をとっており、外装の差はこの総則によって版違いとして判断された。新9章において「外装」ということばの意味するところが「物理的なキャリア」の一種として解釈されているのか、それとは異なるものとして解釈されているのかは、この規定からだけでは判断が困難であるが、コンピュータファイルにおいても、記録媒体がフロッピーディスクかCD-ROMかといった物理的なキャリアの相違とは異なる意味での外装の差（例えば限定版、豪華版など）というものがありうる。こうした点で9章と他章との間に版の扱いにおいて不一致が生じている。もし9章の規定をこのまま生かすとするならば、総則において、「版の規定する範囲は各章によって異なる」としておいたほうがよいのではないだろうか。[7]

　また「知的・芸術的」内容の変更に関しても、その意味する範囲の解釈には幅がある。ISBD(ER)では次の諸項目が知的・芸術的変更に該当するものとして列挙されている。[8]（上記表中※で示したところ。）

　　追加・削除
　　プログラミング言語の違い
　　資料の性能を高めるアップグレードや改良
　　他のマシンやOSでも使用可能なようにプログラミング言語、OSに修正を
　　加えたもの

　1番目の「追加・削除」は最も一般的に想定される「知的・芸術的」変更である。それ以外は解釈の分かれるところであろう。こうした中身の差異については、利用の目的によってその重要度には大きな開きがある。例えばプログラミング言語の差異も、一般の利用者には重要でないかもしれないが、プログラミング研究者にとってはきわめて重要な差異と判断される可能性がある。またそれ以上に通常ユーザにとってOSの差は、そのソフトウェアが手元のマシンで再生利用可能かどうかを判断する非常に重要な手がかりであり、異版として他との明確な識別がなされる必要があるだろう。

　もしこれらを版として記述しないとするならば、他の個所で補わなければならない。なぜならば記述の原則9.0.0.1においても示されているように「利用のために必要とされる機器およびソフトウェアが容易に識別できるように記述する」必要があるからである。そこで版としないものをどこに記述し、その機械的識別性（検索可能性）がどれだけ確保されているか検討する。

　まず最初の可能性として「ファイルの特性」が想起される。この「ファイルの特性」に記録される要素を旧9章、新9章、ISBD(ER)で比較したものが次表で

7) 「版に関する事項」の各章における規則間の整合性の問題については、次の文献が詳しい。
北克一、志保田務「『日本目録規則1987年版改訂版』における「版に関する事項」の規則構造」『整理技術研究』No.41 (1999.7), p.29-38.

8) ISBD(ER), p.46

ある。

旧9章	新9章	ISBD(ER)
ファイル内容 プログラム言語等 ファイルの大きさ 適用機種 オペレーティング・ 　　システム	ファイル内容 ファイルの数量と大きさ	電子資料の内容 ファイルの数量と大きさ

　この表からも分かるように、プログラム言語や適用機種、オペレーティング・システムの具体的な名称については「ファイルの特性」においては記録されない。旧9章においては、プログラム言語やオペレーティング・システムに関して、丸がっこに入れて「BASIC」、「MS-DOSテキスト」といったことばが例示されていたが、新9章でファイルの内容を示すために使用される用語例のいくつかを拾い上げてみると、最も詳細なレベルである第3レベルの用語でも「CADプログラム」、「データベース・プログラム」、「OSソフトウェア」、「プログラミング言語」といった一般的名称にとどまり、それ以上の具体的記述は要求されていない。

　「版表示」からも、「ファイルの特性」からも除かれた結果、これらは注記として記載せざるをえない。新9章の9.7.3「注記の種類」中、9.7.3.0「下記の特定事項に属さない注記」には、ウ）「システム要件」として次の各項目が指示されている。

(1)　適用機種
(2)　ハードウェア
(3)　オペレーティング・システム
(4)　ソフトウェア（プログラミング言語を含む）
(5)　周辺装置の種類と特徴

　これらは「システム要件：」という見出し語を手がかりに、2以上の項目を記録する場合に結合記号として用いられるプラス記号（＋）と併せることにより、機械的に判別することが可能ではあるが、注記を検索対象外とするシステムが多いことを考えれば、現在のところこれらの識別性はきわめて低いといわざるをえない。

　「ファイルの特性」以外では、物理的キャリア（磁気テープ、フレキシブル・ディスク、CD-ROM、等）を記録する領域としての「形態に関する事項」があてはまる。「形態に関する事項」の中で特定資料種別として記録されるので、この部分で識別できることが必要である。

　版については最後にもう1点、リモートアクセス可能な資料であり、かつ随時更新されるタイプの電子資料の版について見ておきたい。こうした資料に関連する規定は以下の2箇所である。

　　9.2.0.0　（記述の意義）
　　　（前略）

なお、リモートアクセス可能な資料において、ファイル内容の更新が随時行われる場合は、版に関する事項は記録しない。(9.7.3.2B 参照)

9.7 注記

9.7.3.2 (版および書誌的来歴に関する注記)

9.7.3.2B リモートアクセス可能な電子資料において、ファイル内容の更新が随時行われる可能性がある場合は、どの時点で目録作成を行ったかを明示するため、最新アクセスの日時を記録する。

ここで「ファイル内容の更新が随時行われる」という表現はあいまいさを含んでいる。「リモートアクセス」に限定しているところから見て、ホームページ情報などを念頭に置いているものと考えられるが、第一に「随時」の更新はリモートアクセス資料のみで起こるとは限らない。ローカルアクセスのみ可能であって、古い盤と新しい盤とを差し換えなければならないタイプのCD-ROMなどで、更新が随時行われるものもありうると考えられる。

またリモートアクセス資料の場合であっても、時間的経過に伴う内容変化による「版」以外に、知的・芸術的内容の違いによる「版」が存在しうる。たとえば電子ジャーナルなどでアクセス権を自動的に判別して、キャンパスネットワークの内側と外側とで表示させる画面や内容をコントロールしているような場合が考えられる。このような場合、版に関する事項を記録せず、最新アクセス日時すなわちタイムスタンプのみを記録するだけで十分かどうか、疑問が残る。[9]

5 おわりに

以上、今次改訂案をその最大の変更点である「ローカル／リモート・アクセス」、「内部情報源の優先」、「版表示」の3つの観点から検討した。9章の改訂は単独の章のみの改訂にとどまらない、他の章や目録規則全体にも影響を及ぼすものである。目録規則全体の見なおしが必要な時期が早晩訪れることを予感させる今回の改訂であった。

最後ではあるが、図書館をとりまく環境が著しく変化していく困難な時代にあって、この9章改訂案を作成されたJLA目録委員会のメンバーの方々に対して、心から敬意を表したい。

〈参考資料〉

1) 「第9章改訂案」(『電子資料の組織化：日本目録規則(NCR)1987年版改訂版第9章改訂とメタデータ』(1999年11月20日、於：日本図書館協会) 配布資料)

2) 日本図書館協会目録委員会『日本目録規則1987年版改訂版』日本図書館協会, 1994.
   JLA目録委員会「『日本目録規則1987年版改訂版』第9章の改訂について(案)」『図書館雑誌』Vol.92, no.5 (1998.5), p.389-391.

3) Sandberg-Fox, Ann and Byrum, John D. "From ISBD(CF) to ISBD(ER):

---

9) このように入り口が同じで、結果として利用できる内容に差異のあるものを一書誌として扱うのか、それとも別書誌とするのか、また別書誌とした場合にどの事項に何を記述して両者を識別するのか、今後の検討課題のひとつであろう。

Process, Policy, and Provisions" Library Resources & Technical Services, Vol.42, no.2 (April 1998), p.89-101.

4) Byrum, John D. Jr. "ISBD(ER): An Overview" ICBC, Vol.28, no.3 (July/September 1999), p.65-66.

5) Sandberg-Fox, Ann "Principal Changes in the ISBD(ER)" ICBC, Vol.28, no.3 (July/September 1999), p.67.

6) 古川肇「ISBD(ER) への案内」『整理技術研究』No.41 (1999.7), p.45-49.

Q&A

Q. 目録規則やMARCと、
ダブリン・コアのようなメタデータとは
どのような関係にあるか。

A. 目録規則は、ご承知のように図書館が提供する資料の目録を作成するための規則です（もともとは、所蔵する資料だけですが、リモートアクセスを入れれば、所蔵しない資料を含みます）。MARCは、その目録の機械可読レコードのフォーマットを定めたものです。目録規則上で定められた書誌事項を、コンピュータ処理に合わせて、各事項にタグや識別子を付して記録する形式です。一部その内容にはコード化情報など目録規則が規定する以上のものも盛り込まれています。しかし、あくまでも基本的な部分は目録規則に定めてあるものです。また、MARCは、図書館間での交換用フォーマットであり、各図書館が作成した機械可読目録を交換するための共通形式でありますが、実際はこれが処理フォーマットとして多く利用されております。

一方、メタデータとは、図書館界に限らず、情報オブジェクトの内容を示すデータ（2次情報）であります。2次情報は、図書館界だけでなくさまざまな領域で作成され利用されています。情報ネットワークの進展によって、種々の領域から発信される2次情報を相互に利用する機会が増えました。そこでそれを、領域を超えて相互に使い合うため、それぞれの領域（業界）で呼ばれていた2次情報の名称（目録、テンプレート、URI (Uniform Resource Identifiers)、ヘッダーなど）のどれか一つを使うより、中立的な名称としての「メタデータ」という名称が共通呼称として選ばれました。メタデータとは、それらの総称でもあり、またそれぞれの世界では固有な名前で呼ばれるものです。図書館界では、目録が代表的なメタデータです。

ダブリン・コアは、特に情報ネットワーク上のドキュメント類似オブジェクトのためのメタデータとして1995年に作成されたものです。これは、一つのメタデータでありますが、コア（中核）となるメタデータです。つまり、その役割の一つは、図書館界や博物館・文書館界等々、さまざまな世界のメタデータを相互に利用し合うための変換テーブルとなることです。目録は、ダブリン・コアに対して、図書館の世界におけるメタデータであり、かつより上位の（詳細な、あるいは特定的な）メタデータといえます。

さらに別の問題があります。メタデータの構成要素の問題です。目録規則は、書誌コードに必要な書誌事項を決めるとともに、その表現形式、すなわち順序や記録形式も決めております。前者をメタデータの「セマ

ンティックス」、後者をその「シンタックス」といいます。目録規則は、両方の部分を持っております。実は2次情報を完全に表現するには、この二つの要素が必要となります。

ダブリン・コアというメタデータには、一方の「セマンティックス」の部分しかありません。そのための「シンタックス」というと、RDF (Resource Definition Framework) や XML (eXtensible Markup Language) などが定めている基準に則って、データが記録されます。つまり、ダブリン・コアによるメタデータ表現はこれらを適用してはじめてできるのです。このように構成要素が重層化している点は、やっかいといえばやっかいですが、それだけの柔軟性を備えるという特性もあります。

もっとも、このレベルの記録方式は機械上での問題です。それを目に見える形でどのように出力するかは、ダブリン・コアでは目録のようには定められてはおりません。逆にいえば、目録規則ではほぼ最終的な出力形までが定められております。またそれを機械で扱う場合の「シンタックス」については、MARCに委ねられているといってよいでしょう。

本日、第9章の検討会において、メタデータの話題を並べてとりあげた理由は、まず第9章で扱うネットワーク情報資源の書誌記述に関して、図書館とは別の領域でもメタデータの議論があり、それをきちんと参照しておかねばならないであろうということです。また、メタデータのうちでダブリン・コアは、情報交換の可能性を高めるものであり、図書館界を含みこんで作成したという経緯もあり、それとの整合性にも留意しておかねばならないという認識もあります。すなわち、現在の状況においてはメタデータの動向を把握することによって目録規則というものの位置を確かめ、目録規則はどのような展開をすべきかを考慮する必要があるということで、このように検討会のテーマが設定されたわけです。

メタデータに関する最近の話題から
―サブジェクトゲートウェイとDublin Core―

杉本 重雄（図書館情報大学）

SUGIMOTO Shigeo
sugimoto@ulis.ac.jp

概要

筆者はこの5年ほどディジタル図書館[1]を研究活動の中心テーマとしている。最近はディジタル図書館に関連するトピックの中で、さまざまな情報資源を見つけだし、利用するために重要な役割を果たすメタデータに関心を持っている。本稿では、メタデータに関する最近の話題として、有用な情報資源に関する情報を提供するサービスとしてのサブジェクトゲートウェイ（Subject Gateway）と、インターネット上にある多様でかつ大量の情報資源の中から利用者にとって有用なものを見つけだすためのメタデータ規準として提案されたDublin Coreについて述べる。はじめに、メタデータとは何か、またこうしたことがらが互いにどのように関連しているかを簡単に述べ、その後これらについて解説する。

1. はじめに-メタデータについて-

最近、ディジタル図書館やインターネットに関する話題としてメタデータということばをよく耳にするようになってきた。メタデータは、簡単には
「データに関するデータ（Data about Data）」
と定義される。これだけでは理解しにくいが、図書館で作られ、用いられているさまざまなデータ、たとえば目録や索引、抄録はすべてメタデータである。広い意味では、これらに加えて、事典や辞書、シソーラス、テレビやラジオのプログラム、ISBNのような識別子、書評、著作権や暴力的あるいは性的内容の程度を表すRatingなど利用条件に関する記述などもすべてメタデータと言える。適切な資料を利用者に効率よく提供することができるようにするために図書館でなされているさまざまな仕事、あるいは図書館が提供するさまざまな機能の大部分にメタデータは関連していると言える。

ここで少しディジタル図書館の基本的な機能について考えてみたい。現在、国立図書館や大学図書館を中心に世界中でディジタル図書館の開発が進められてい

---

1) ディジタル図書館、電子図書館、仮想図書館、ディジタル・ライブラリ、Digital Library、Electronic Library、Virtual Libraryといった単語は全部同じととらえる。ディジタル図書館に関しては文献 [1] [2] [3] [4] [5] 等を参照されたい。

る。図書館におけるディジタル情報資源の提供サービスは、大まかに言って次のように分けることができる。

(1) 貴重書や貴重資料などをディジタル化することでアクセス性を良くするとともに、実物の保存も進める（Preservation and Access）。図書館自身によるディジタル形態のコレクションの作成とも言える。

(2) 大学等の組織から発信される資料をディジタル化し、図書館からネットワークを介して外に向けて発信する。

(3) 学術雑誌やいろいろなデータベース等、電子的に出版される資源を館内（あるいは学内や組織内）利用者向けに提供する。（図書館自身が冊子体のものをディジタル化する場合もある。）

(4) ネットワーク上にあるさまざまな情報資源に関し、利用者に有用であろうと思われる資料に関する抄録や目録、リンク集を作り、提供することでアクセスの手助けをする。

(5) その他、ネットワークやいろいろなサービスの利用の援助などを含め、利用者がネットワークを介して情報資源を利用するためのいろいろな手助けをする。

以上のような機能やサービスを実現していく上でメタデータが重要な役割を果たすことは言うまでもない。筆者の観点からメタデータがディジタル図書館の研究や開発にとって特に重要であると思われる理由をいくつか挙げたい。

(1) 効率的な情報アクセスには目録や索引等のメタデータが欠かせない。

(2) インターネット上では、誰でも、どこでも、いつでも発信（出版）できるため、誰が、いつ目録を作れば良いかわからない。したがって、これまでとは異なった目録や索引の考え方、作り方が要求される。

(3) インターネット上では、利用者はネットワークに向かって情報アクセスをし、必ずしも特定の図書館で情報を探すという意識は持たなくなることが予想できる。そのため、「ある図書館の所蔵物の中から必要な資料を探す」ということが意味を持たなくなり、新しい情報アクセス行動に適したメタデータが必要とされる。

(4) インターネット上には多種多様で膨大な量の情報資源が提供される一方、個々の利用者にとって関心のある対象は限られている。すなわち、現在広く使われているようなインターネット上の全ての分野の情報資源を対象とする検索サービスは必ずしも利用者にとっては有用なものではない。また、ネットワーク上には良質な情報資源とそうでないものが入りまじっており、関心対象の分野の中で良質な情報資源に関する情報を提供することが求められている。

(5) インターネットやディジタル図書館で扱われる資料の単位が小さいため（いわばURLで表されるものが取り扱いの単位となり得る）、従来図書館で扱われてきた資料の単位、すなわち本や雑誌とは大きく異なる。そうした小さな単位での資料検索やアクセスが要求され、また著作権や課金の管理も必要とされることになる。

(6) ディジタル情報資源の場合、利用者は情報資源を探し、アクセスし、利用することをすべてネットワーク上で行うことになる。「探す」ためには目録や索引と

いったメタデータが有用であるが、実際にアクセスし、利用するためには、対象資料を自分のパソコンで扱えるか、利用権限は持っているか、有料か無料か、といったことに関するメタデータが必要になる。

(7) 目録や索引は典型的なメタデータであり、これらを作り、提供することは図書館本来の仕事であること。これはディジタル図書館においても変わらない。

　本稿で述べるサブジェクトゲートウェイは、何らかの主題分野（subject area）における有用な情報資源へのアクセスを行いやすくするため、それらの情報資源に関する情報、すなわちメタデータを提供するサービスである。したがって、有用な情報資源を見つけ、そのメタデータを記述、蓄積、提供、維持管理することがその中心的な仕事となる。サブジェクトゲートウェイは欧米を中心にいろいろな分野において開発が進められており、それらの間での協力も話し合われている。我が国でもサブジェクトゲートウェイ機能は、図書館情報大学他の大学図書館におけるディジタル図書館サービスの重要な要素として位置づけられている。

　ネットワーク上の情報資源のための目録や索引、すなわちメタデータをどのように作るべきかは、サブジェクトゲートウェイにとってはもちろんのこと、それに限らずネットワーク上の情報資源を有効に利用するための重要な話題である。ネットワーク上の情報資源に対しては、従来図書館で扱ってきた図書や雑誌とは異なった性質を持つため従来の目録や索引の作成方法、あるいは規則をそのまま適用することは困難である。インターネット上での情報資源の発見を目的として提案されているメタデータとして広く知られているものに Dublin Core がある。サブジェクトゲートウェイに代表されるメタデータの提供サービスにおいても Dublin Core に基づくとしているものを多く見ることができる。（Dublin Core については後で詳しく述べる。）

2. サブジェクトゲートウェイ

2.1 サブジェクトゲートウェイとは

　サブジェクトゲートウェイ（あるいはインフォメーションゲートウェイ）と呼ばれるサービスは、「(何らかの分野の) 情報資源のメタデータ（索引、抄録、目録、リンク集など）を作り、それに基づき情報資源へのナビゲーション機能を提供するサービス」である。また、大学や組織内から発信される情報資源に関する情報を提供するサービスもこの種のものと言えよう。

　サブジェクトゲートウェイが重要である理由をいくつか挙げよう。

・インターネット上では情報資源がいつ発信されるかわからず、しかも一般的な OPAC で検索できるものは極めて少ない。
・利用者は自分の関心を持つ分野の中の情報資源を欲することが多いので、全ての情報資源を扱うサービスには不要な部分が多い。
・インターネット上にはあまりにさまざまな種類、内容の情報資源が提供されるため、利用者自身が、ある資源を有用かどうか、信頼できるかどうか、十分な品質を備えているか等を判断することは難しい。したがって、何らかの判断基準に基づいて情報資源に関する情報を提供するサービスがあるとありがたい。

こうしたサービスのシンプルな例は、いわゆる「リンク集」であろう。良いリンク集の在処を知っていると非常に役に立つことを経験している人は多いと思う。ゲートウェイサービスの例を国内の大学図書館で見てみたい。京都大学［6］や筑波大学［7］で進められている電子図書館では大学で出版されるさまざまな学術資料へのアクセスを提供することが進められている。東京工業大学［8］や東京大学［9］では、ネットワーク上の有用な学術情報資源のメタデータを提供するサービスが進められている。図書館情報大学のディジタル図書館［10］［11］［12］は図書館情報学分野の情報資源（現在、主としてWWW資源）のメタデータを提供している。

海外を見ると、イギリス、オーストラリア、北欧諸国などを中心にサブジェクトゲートウェイサービス［13］が進められている。たとえば、WWWが一般化する以前から図書館関連の情報を提供してきたBUBL［14］はいろいろな分野のネットワーク情報資源のメタデータを提供している。OCLCが進めるCORC［15］は図書館との協力でネットワーク情報資源に関する目録をMARCやDublin Coreに基づいて作ろうとしている。社会科学分野の情報資源へのアクセスを進めるSOSIG［16］や芸術・人文学分野のAHDS［17］、工学分野のEEVL［18］、医学分野のOMNI［19］（以上イギリス）、教育関係資料を扱うEdNA［20］（オーストラリア）など分野を限定して情報を提供するものがいろいろある。北欧諸国やオランダでは国内で発信される情報資源へのゲートウェイサービスの提供を進めている［21］［22］。イギリスではJISCのサポートの下にResource Discovery Network Centre (RDNC)［23］が設けられている。また、国際間でサブジェクトゲートウェイの協力を進めようという活動もある［24］。

2.2 サブジェクトゲートウェイにとって何が問題か

良いサブジェクトゲートウェイがあると非常に有用であることは疑えない。一方、現時点でサブジェクトゲートウェイを構築し、維持管理、運営するにはさまざまな問題がある。ここでは著者の観点から、それらのいくつかを挙げてみたい。

- 有用な情報資源を自動的に見つけ出す有効な手段がない。（人手に頼らざるを得ない。）もし情報資源そのものに発信者によってメタデータが付けられていれば有用であるが、現在のところメタデータが付与された資源はまだ希である。
- 「ある分野といっても」カバーできる範囲が明確でない。たとえば、どこまでカバーすればいいのかわからない。また、カバーすべき範囲を広くとらえすぎるとそれを十分にカバーできない。
- 有用な資源がデータベースの中に隠れがちで、資料の自動収集ソフトウェアでは十分に対処できない。
- サブジェクトゲートウェイを構築し、運営するためのソフトウェアツールが不十分である。たとえば、資料から内容を自動的に抽出し、メタデータ作成を支援するソフトウェアがまだ十分ではない。また、イメージの中に書かれたテキストや、appletと呼ばれるもののようにWWW文書の中に組み込まれたプログラム中に埋め込まれたデータを抽出することは難しい。

- 作成したメタデータを対象情報資源の変更に合わせて維持していくことが難しい。
- メタデータを作るための基準が変化した場合の対応が難しい。（メタデータ作り自身手探り的なところがあり、基準は必ずしも安定していない。また、記述形式も同様。）
- 一般に外国語の情報資源のメタデータを作るのが難しい、また外国語でメタデータを作ること、たとえば海外向けに英語で書くことは人的、コスト的に難しい。

以上のような点はサブジェクトゲートウェイのためのメタデータの作成コストを高くしがちである。こうした問題の解決には情報技術の進歩が必要であることはいうまでもないが、メタデータ作成やサブジェクトゲートウェイサービスに関する組織間の協力を進めることも重要である。

3. Dublin Coreについて

3.1 Dublin Core の概要

Dublin Core Metadata Element Set（通称 Dublin Core[2]）はインターネットでの情報資源の記述と発見のための「コア・メタデータ」として提案されてきたものである。コア・メタデータとはさまざまな分野に共通な性質のみを定義したもので、従来の目録規則を適用することが困難なネットワーク情報資源に適用すること、図書館や美術館といったコミュニティの壁を越えたメタデータの相互利用性（interoperability）を得ることを目的として提案されたものである。情報資源の効率よい発見のためにはインターネットやディジタル図書館の環境に適したコア・メタデータが必要であるとの理解から、現在図書館や美術館・博物館のコミュニティを中心にDCMESの重要性が広く認められ、その利用が広がりつつある。（Dublin Coreに関する解説についてはDCMIのホームページ［25］や他の解説記事などを参照されたい［26］［27］［28］。次段落以下ではこれまでの開発の過程を示し、次節では最近の状況について述べる。）

現在、DCMESの開発活動は米国のOCLCに活動の拠点を置き、ネットワーク上での議論を中心に進められてきている。DCMESは現時点でコア・メタデータとして基本15エレメント（p.55-56参照）の定義を終了し、現在、詳細なメタデータ記述を可能にするためのサブエレメントや統制語彙の指定形式等の定義を進めている。（こうしたより詳細な記述内容を指定するための記述要素を総称してqualifierと呼んでいる。[3]）こうした詳細な記述のための仕組みは、ある意味で「コア・メタデータ」の概念と矛盾するものであるが、より詳細で統制されたメタデータ記述と、かつ効率の良い検索にも重要な役割を演ずると考えられる。

DCMESは1994年のWWWに関する国際会議での議論から生まれたもので、実際には1995年の春にオハイオ（Ohio）州ダブリン（Dublin）にあるOCLCで開催されたワークショップで提案されたものである。ここでは13項目の基本エレメントによるメタデータの記述が提案された。（Dublin Coreの名前の由来はここにある。）その後、下のようにワークショップが開催されてきた。

- 第2回：1996年春、イギリスのウォーリック（Warwick）、ウォーリック大学

---

[2] 「Dublin Core」ということばがメタデータの記述規則、すなわちエレメントセットを表す場合と、このエレメントセットを開発する活動を表す場合の両方に用いられることがある。両者を明確に区別する必要がある場合、前者はDublin Core Metadata Element Set (DCMES)、後者はDublin Core Metadata Initiative (DCMI)と呼ばれる。本稿でもこの呼び方に従う。

[3] qualifierを一切含まない基本エレメントのみのものをSimple DC（あるいはDC Simple）、qualifierを含むものをqualified DCと呼んでいる。

（ただし、UKOLN[4]とOCLCがホスト）。複数のメタデータ規則に基づく記述のための基本概念であるWarwick Frameworkが提案された。この概念は後述のResource Description Frameworkに反映されている。

- 第3回：1996年秋、ダブリン、OCLC。イメージデータに関する議論と15項目の基本エレメントの提案。
- 第4回：1997年春、オーストラリアのキャンベラ、オーストラリア国立図書館。詳細な記述をより形式的に明確化するために基本エレメントを詳細化したサブエレメントやデータの表現形式（統制語彙）などに関する議論、加えてHTMLでの記述方式に関する議論。
- 第5回：1997年秋、フィンランドのヘルシンキ、フィンランド国立図書館。15項目の基本エレメントの合意（DC Simple）。DC Simpleの標準化への動きの開始。
- 第6回：1998年秋、アメリカのワシントン、議会図書館。DC Simpleの標準化をさらに進めること、Qualified Dublin Coreの議論をさらに進めることに関する合意。
- 第7回：1999年秋、ドイツ・フランクフルト、ドイツ国立図書館。各エレメントのQualifierのアナウンスを2000年1月にすることをアナウンスした。今後のエレメントやqualifierの維持管理方法に関する議論、応用分野（図書館、教育、行政情報など）でのDCMESの利用などの議論が行われた。
- 第8回（予定）：2000年10月、カナダ国立図書館。

　DCMESの開発は基本的にメーリングリストによる議論と合意、それらを踏まえた上でのワークショップにおける議論と合意によって進められてきた。ワークショップへの参加は基本的には招待によるものであり、参加者数は一定数以下に押さえられてきている。また、参加者は図書館分野の専門家を中心に博物館・美術館の専門家、およびインターネットやディジタル図書館分野の研究者・開発者である。DCMIの中心は、OCLCのStuart Weibel他で構成されるExecutive Committeeとワーキンググループのリーダー他で構成されるAdvisory Committeeであるが、DCMESは、基本的には誰もが参加できる草の根的なコミュニティによって開発されてきたものと言うことができる。

3.2 第7回Dublin Core workshopおよびその後

　第7回ワークショップは1999年10月25日から27日までの3日間、フランクフルトのドイツ国立図書館で開催された。また、ワークショップの前後に、中核的なメンバーの集まりであるAdvisory Committeeのミーティングも開催された。

　今回の出席者は全体で120名余りであった。前回までのワークショップとの大きな違いははじめての参加者が半数以上であったことであろう。また、参加者の国籍も30カ国と大きな広がりを見せていた。日本からは筆者を含めて5名であった。はじめての参加者が多かったこと、あるいは広がりが大きくなったことが原因かどうかは分からないが、筆者が参加した前3回のワークショップとは少し異なり、活発な議論を進めるというよりは、落ち着いた感じであった。

---

[4] UKOLN: The UK Office for Library and Information Networking、イギリスにおける図書館・情報サービスのコミュニティのために、ポリシー、研究、新しい動向の提供などのサービスを行う、ネットワーク情報管理に関する専門組織。(http://www.ukoln.ac.uk/)

ワークショップで出た大きな話題は、
- Dublin Core として認めた qualifier に関して。（2000年1月1日にアナウンスする予定であったが、実際には議論や手続きの問題で2月現在ではまだアナウンスされていない。）
- qualifier の登録・承認のプロセスをどのようにするか。
- エレメントや qualifier のバージョンをどのようにとらえるか。（英語以外の言語への翻訳も含む。）
- DCMI (Dublin Core Metadata Initiative)[2]の組織に関すること。
- IMS［29］などインターネット上の情報資源のためのメタデータの開発を進めている組織との協調をどのように進めるか。

であった。

　エレメントをより詳細に記述する上では、各基本エレメントの記述内容を意味的により詳細化することと、記述の語彙ならびに記述される値の構造を表すことの二つの観点があり、それらについて議論が進められている。（二つ目の観点は語彙と構造の二つに分けて考えることができ、従来3つの観点で議論されてきた［28］。）たとえば、日付（Date）エレメントを考えた場合、ある情報資源が出版された日付、更新された日付、無効になる日付などはエレメントの意味をより明確に表すためのものである。また、日付を書くための形式のための標準規格である"ISO 8601"[5]や、情報資源の型（Type）を表すために用意された"DCT1"と呼ばれる型を表す用語のリスト[6]はデータの表現形式（構造）や語彙を定めている。

　qualifier を導入するための基本的な条件として、以下の項目が与えられている。

(1) エレメントの意味を詳細化する際、基本エレメント（あるいは上位のサブエレメント）が定める意味の範囲を超えてはいけないこと。

(2) 相互利用性を保つためには qualifier を取り去ることで得られる記述が DC Simple に基づく記述として正しくなければならないこと。（qualifier を取り去ることを Dumb-down（ダムダウン）と呼んでいる。）

　こうした原則の下に、現時点では最初の qualifier セットに関するまだ議論が進められている。

　qualifier の導入について考えると、qualifier の性質上、メタデータを定義し利用するコミュニティごとに必要な qualifier あるいは qualifier のセットが異なることが容易に想像できる。このことは DCMES に基づくメタデータ間の相互利用性を失わないために、正しく Dumb-down できること、Dumb-down して得られるメタデータ（DC Simple の形式）が相互利用性を失わないことが求められることを意味する。また一方、qualifier を導入することはさまざまな分野あるいは国・地域のコミュニティから今後新たな qualifier が提案され、それらを全体のコミュニティで利用する標準として採用すべきかどうかを判断する必要性が生じることも意味する。（たとえば、日本語のメタデータにとって必須である名前等の「読み」は現在の議論の中には含まれていない。）また、場合によっては既存の qualifier が無効になることも考えられる。したがって、今後新たに提案されたものや無効になったものをどのように登録し、承認するかを決める手続きが問題になる。現在提

5) 年月日を yyyy-mm-dd の形式、たとえば2000年2月22日であれば2000-02-22と表す。

6) 次のような情報資源のタイプを表す名前を決めている。collection、dataset、event、image、interactive resource、model、party、physical object、place、service、software、sound、text

案されている手続きは次のとおりである。
- DCMI に qualifier 等の利用に関して責任を持つ committee を設ける。（Usage Committee と仮称する。）
- Usage Committee は、qualifier の登録を下の 3 段階で進める。
  (1) それぞれのコミュニティが（自分たちの使っている）qualifier を公開し、他のコミュニティも利用できるようにされた qualifier の段階。
  (2) 基本エレメント等との整合性をチェックし、問題がないとされた qualifier の段階。
    たとえば、サブエレメントを表す qualifier の場合、それを含むエレメントの意味を詳細化することだけで、拡張してはならない。逆に言うと、qualifier をはずした場合に元のエレメントを表すのに適した内容になるものでなければならない。（Dumb-down 可能性）
  (3) 上で問題がないとされたものの中で分野や地域のコミュニティを越えたグローバルな利用に適していると判断された qualifier の段階。
- 上の段階に加えて、qualifier が利用されなくなる、あるいは無効となることがある。また、上のテスト段階で問題ありとされ、利用が勧められなくなることもある。

　以上のような手続きを経て qualifier が利用されるようになると、qualifier の参照記述（基準となる意味内容を定義した記述）を正規に登録する機構（レジストリ）が必要になる。このレジストリには英語で記述される世界標準のための参照記述に加えて各国語訳を登録しておくことも必要であると理解されている［30］。また、利用が進むにつれてエレメントや qualifier の参照記述に修正が加えられることもあり、それらのバージョンが問題になることも認識されている。こうした問題は今後の議論にまかされている。

3.3 メタデータの記述方法について

　DCMI ではエレメントと qualifier の意味の定義を与えることを中心に活動してきている。そのため DCMI では HTML を用いてメタデータを書く際の書き方に関する規準（推奨）は与えているが、それ以外は決めていない。DCMES に基づいてメタデータを記述する形式は基本的にどのような形式でも構わないが、ネットワーク上での流通性を持つこと、長期間の利用に耐える形式であることが望まれる。たとえば、図書館情報大学では独自に決めた DTD による SGML テキストとして蓄積している。

　インターネット上では、DCMES をはじめとして、用途に応じいくつものメタデータ規準が用いられることになる。そうしたメタデータの流通性、相互利用性を高めるには共通の形式（syntax）でメタデータを記述できるようにしておくことが重要である。そのため、今後のメタデータの記述には、World Wide Web (WWW) コンソーシアムが定めたメタデータを提供するための共通の記述方式である Resource Description Framework (RDF)［31］［32］が記述形式として広がっていくことが予想される。

4. おわりに-感想

はじめに少し触れたように、図書館情報大学ではメタデータの提供を主たる機能とするディジタル図書館サービスを進めている。数年前、図書館情報大学におけるディジタル図書館とはどのようなものが有り得るかということを考える機会を与えられた際、メタデータは図書館（あるいは図書館員）としての専門性が明確に現れるコレクション対象であると感じたことがある。本学は小規模で、かつ若い。そのため、学内の資料や学内の利用者だけに目を向けずに、専門分野に目を向けてはどうかと考えたのがサブジェクトゲートウェイ主体にした理由の一つである。一方、システムの仕様の策定とそれに続く運用に際して多くの問題点に面してきた（現在、面している）ことも事実である。先に示した問題の多くはサブジェクトゲートウェイに代表されるメタデータ提供を行っているところには共通の問題であるということも言える。

筆者は、以下のような理由から、メタデータを作成する組織の間やサブジェクトゲートウェイ間の協力は非常に重要な課題であると考えている。

(1) どんな組織であっても、全ての情報資源の目録を作るということは不可能である。一方、分野や組織にまたがった情報資源探索が要求される。
(2) システムが進化するに従い、活発に資源の提供を進めている組織ほど、あるいは重要な情報資源ほどデータベースの中に格納され資料の自動収集ソフトウェアからは手の届きにくいところに置かれがちである。
(3) 従来の所蔵資料の総合目録でなされてきたように統一の目録規則を作ることは難しく、各組織あるいは各分野で決めた基準に従って作成したメタデータを互いに共有する、あるいは収集・統合することが求められる。

また、組織間でのメタデータ共有や協調的なサブジェクトゲートウェイサービスのためにコアメタデータの果たす役割は大きいと考えている。

今後、国内外に関わらず、また言語の違いに関わらず、メタデータを作成する組織、サブジェクトゲートウェイサービスを提供する組織間での協力関係が育っていくことを期待したい。

〈参考文献（URL等）〉

1. 田畑孝一, ディジタル図書館（図書館・情報メディア双書3）, 勉誠出版, 155p, 1999.10
2. 長尾真, 電子図書館（岩波科学ライブラリー15）, 岩波書店, 125p, 1994.9
3. 特集：電子図書館, 情報の科学と技術, Vol.49, No.6, 1999.6
4. 杉本重雄, 情報機器論（新現代図書館学講座16, 田畑孝一編）, 第7章ディジタル図書館, 東京書籍, 1998.10
5. 杉本重雄, ディジタル図書館（図書館情報学ハンドブック, 1.6.5項, pp.84-90）, 丸善, 1999.3
6. 京都大学附属図書館：http://www.kulib.kyoto-u.ac.jp/
7. 筑波大学附属図書館：http://www.tulips.tsukuba.ac.jp/

8. 東京工業大学附属図書館：http://www.libra.titech.ac.jp/
9. 東京大学附属図書館：http://www.lib.u-tokyo.ac.jp/，インターネットリソースに関するサービス
10. 図書館情報大学附属図書館：http://www.ulis.ac.jp/library/
11. 杉本他, 図書館情報大学におけるディジタル図書館システム, ディジタル図書館（ISSN 1340-7287）, no.15, 1999.7
12. 平岡他, 図書館情報大学ディジタル図書館システム, 情報管理, Vol.42, No.6, 1999.9
13. Desireプロジェクトによるサブジェクトゲートウェイの紹介, http://www.desire.org/html/subjectgateways/subjectgateways.html
 the DESIRE Informaiton Gateways Handbook, http://www.desire.org/handbook/
14. BUBL Information Service, http://www.bubl.ac.uk/
15. CORC: Cooperative Online Resource Catalog, http://www.oclc.org/oclc/research/projects/corc/index.htm
16. Social Science Information Gateway, http://www.sosig.ac.uk/welcome.html
17. Arts and Humanities Data Service, http://www.ahds.ac.uk/
18. Edinburgh Engineering Virtual Library, http://www.eevl.ac.uk/
19. OMNI: Organising Medical Networked Information, http://www.omni.ac.uk/
20. Education Network Australia, http://www.edna.edu.au/EdNA/
21. DutchESS Dutch Electronic Subject Service, http://www.konbib.nl/dutchess/index.html
22. SAFARI, http://safari.hsv.se/index.html.en
23. Resource Discovery Network Centre, http://www.rdn.ac.uk/aboutrdn.html
24. International Collaboration on Internet Subject Gateways, http://www.desire.org/html/subjectgateways/community/imesh/
25. Dublin Core Metadata Initiative, http://purl.org/dc/
26. 杉本重雄, メタデータについて-Dublin Coreを中心として、情報の科学と技術, 情報科学技術協会, Vol.49, No.1, 1999.1
27. 杉本重雄, Dublin Core Metadata Element Setについて-現在の状況と利用例, ディジタル図書館（ISSN 1340-7287）, no.14, 1999.3（http://www.DL.ulis.ac.jp/）
28. 杉本重雄, Dublin Coreに関する最近の話題から-第7回Dublin Coreワークショップほか, ディジタル図書館（ISSN 1340-7287）, no.17, 2000.2（http://www.DL.ulis.ac.jp/）
29. IMS, http://www.imsproject.org/
30. 永森光晴他, Dublin Core Metadata Element Setにおける多言語への対応, 情報処理学会情報学基礎研究会, 56-1, pp.1-8, 1999.11
31. Resource Description Framework (RDF), http://www.w3.org/RDF/

32. 田畑孝一, 情報資源のメタデータ記述の枠組（ディジタル図書館・第5章），
勉誠出版, pp.64-85, 1999.10

付録：Dublin Core の基本15エレメント

DC1.1 に基づく（http://purl.org/dc/documents/doc-dces-19990702.htm）

エレメント名	identifier	定義および説明
タイトル	Title	情報資源に与えられた名前。 一般的には、当該情報資源を公式に表す名前。
作成者	Creator	情報資源の内容の作成に主たる責任を持つ実体。 情報資源の例としては、人、組織あるいはサービスがある。一般的には、当該実体を表すために作成者の名前が用いられる。
主題および キーワード	Subject	情報資源の内容のトピック。 一般的には、トピックを表すキーワード、キーフレーズ、あるいは分類コードによって表される。推奨される表現方法は、統制された語彙あるいは公式の分類システムの中から値を選ぶことである。
内容記述	Description	情報資源の内容の記述。 内容記述には、限定はしないが次のものが含まれる：アブストラクト、目次、内容の図的表示への参照、内容に関する自由記述
公開者（出版者）	Publisher	情報資源を利用可能にすることに対して責任を持つ実体。 公開者の例としては、人、組織、あるいはサービスがある。一般的には、当該実体を表すために公開者の名前が用いられる。
寄与者	Contributor	情報資源の内容への寄与に対して責任を持つ実体。 寄与者の例としては、人、組織、あるいはサービスがある。一般的には、当該実体を表すために公開者の名前が用いられる。
日付	Date	情報資源のライフサイクルにおける何らかの事象に対して関連付けられた日付。 一般的には、当該資源が作成されたあるいは利用可能になった日付に関係づけられる。推奨される表現方法は、ISO 8601のプロファイルに定義されたものであり、かつYYYY-MM-DD形式のものである。
資源タイプ	Type	情報資源の内容の性質もしくはジャンル。 資源タイプには、一般的な種類、機能、ジャンル、あるいは内容の集合体のレベルを表す用語が用いられる。推奨される表現方法は、統制された語彙の中から用語を選ぶことである。（たとえば、Dublin Core Typesのワーキングドラフト。）当該情報資源の物理的表現形式ないしディジタル形式での表現形式を表すには形式エレメントを用いる。

形式	Format	物理的表現形式ないしディジタル形式での表現形式。 一般的には、当該情報資源のメディアの型あるいは特性が示される。形式は当該情報資源を表示、ないし動作させるために必要なソフトウェアあるいはハードウェアを表すために利用しても構わない。特性の例としては、サイズや時間・期間が含まれる。推奨される表現方法は、統制された語彙の中から値を選ぶことである。（たとえば、コンピュータのメディア形式を決めるInternet Media Typesのリストがある。）
資源識別子	Identifier	与えられた環境において一意に定まる情報資源に対する参照。 推奨される表現方法は、資源の識別のために公式に定められた記述方法に適合する文字列ないしは番号によって当該情報資源を表すことである。資源識別のために公式に認められた記述方法の例には（Uniform Resource Locator (URL)を含む）Uniform Resource Identifier (URI)、Digital Object Identifier (DOI) および International Standard Book Number (ISBN) がある。
情報源(出処)	Source	現在の情報資源が作り出される源になった情報資源への参照。 出処となる当該情報資源の全体あるいはその部分から現在の情報資源が作り出されることがある。推奨される表現方法は、資源識別のために公式に認められた記述方法に適合する文字列もしくは番号によって当該情報源を表すことである。
言語	Language	当該情報資源の内容の言語。 言語の値を表すために推奨される方法は、（ISO 639から採用された）2文字で言語の種類を表す言語コードであるRFC 1766に基づくコードである。加えて、それに続けて、（ISO 3166から採用された）国を表すコードを書くことができる。たとえば、'en'は英語、'fr'はフランス語、'en-uk'はイギリスで使用される英語を表す。
関係	Relation	関連情報資源への参照。 推奨される方法は、公式に認められた識別のための記述方法に適合する文字列ないしは番号を用いて当該情報資源を参照することである。
対象範囲 (空間的・時間的)	Coverage	情報資源の内容が表す範囲あるいは領域。 対象範囲は一般的に空間的場所（地名ないし地理座標）、時間的範囲（時間期間を表すラベル、日付、ないし期間）、あるいは管轄（行政単位など）である。推奨される方法は統制された語彙（たとえば、Thesaurus of Geographic Names）の中から選ぶこと、および、適切と認められる場合には、地理座標や日付で示される期間の代わりに地名や期間名を用いる。
権利管理	Rights	情報資源に含まれる、ないしは関わる権利に関する情報。 一般的には、権利管理エレメントは当該情報資源に関わる権利管理に関する表明、あるいはそうした情報を提供するサービスへの参照を表す。知的財産権（IPR）、著作権、ならびにいろいろな財産権に関する情報を表すためにしばしば用いられる。権利管理エレメントがない場合には、当該情報資源に関して以上のような権利ならびに他の権利に関していかなる仮定もできない。

ゲートウェイ・サービスのための メタデータ

―「インターネット学術情報インデックス」作成の事例報告―

栃谷 泰文（東京大学附属図書館）

TOCHITANI Yasubumi
tochi@lib.u-tokyo.ac.jp

1. インターネット学術情報インデックス
Index to Resources on Internet (IRI) とは

東京大学附属図書館では、1999年3月から、「インターネット学術情報インデックス」システムを試行的に公開した。（図1　URL : http://resource.lib.u-tokyo.ac.jp/iri/url_search.cgi）

これは、インターネット上で公開されている学術情報を検索するデータベースシステムであり、従来、図書館が歴史的に組織化し提供してきた紙媒体に加えて、インターネット上の電子的学術情報資源の収集・組織・提供へ向けた試行である。本システムは、1999年4月からは、附属図書館から、同月発足した情報基盤セン

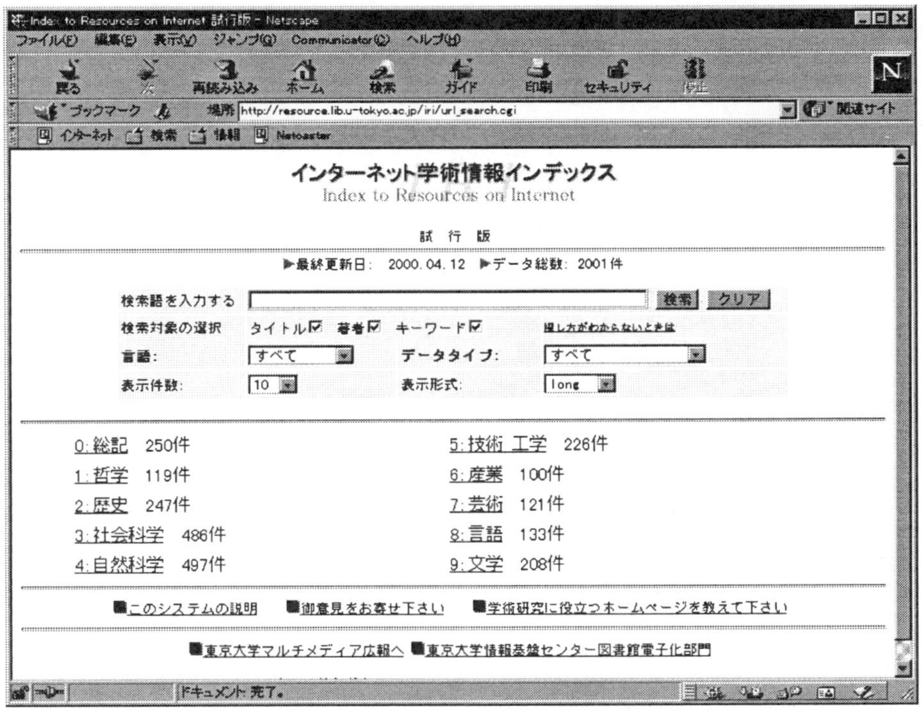

図1　インターネット学術情報インデックス

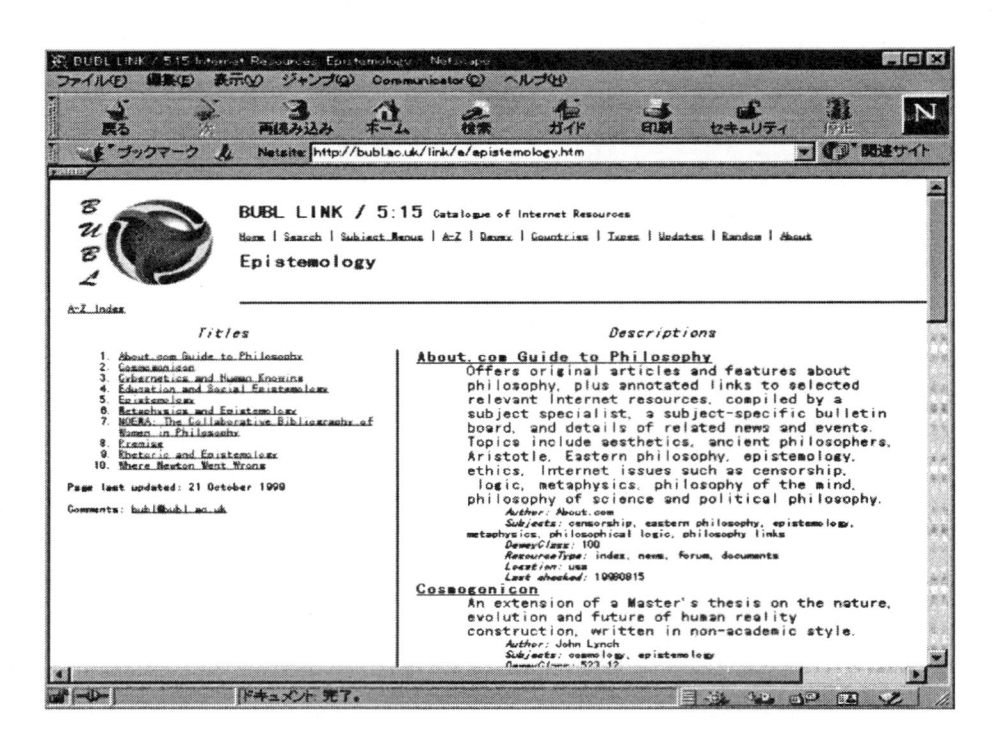

図2　BUBL LINK

1) 情報基盤センターは、東京大学の従来の情報系組織である「大型計算機センター」と「教育用計算機センター」と附属図書館の一部を統合して設置された組織であり、4つの研究部門と対応する事業部門から構成されている。電子図書館関係では、図書館電子化研究部門（1教授、1助教授、2助手）と図書館電子化部門が電子図書館（図書館電子化）を担当している。
図書館電子化部門は、3つの掛、①図書館情報掛、②デジタル・ライブラリ掛、③学術情報リテラシー掛からなっている。現在、「Book Contentsデータベース（図書目次情報データベース）」の開発・提供、貴重書電子化、インターディスク版図書館案内の開発・提供等を行い、更に新たな事業・サービスを進めている。

ター[1]が、その維持・サービスを継承している。

本稿では、「インターネット学術情報源インデックス」の内容と作成過程、書誌記述等について実際に作成した現場からの事例を報告する。今後の電子的情報の書誌記述・メタデータの参考となれば幸いである。

2. インターネット学術情報インデックス作成の背景と意図

今回、東京大学で、インターネット学術情報インデックスを作成し公開した背景には、インターネット情報源の急激な増加がある。近年のインターネットの普及は著しく爆発的である。特に、WWWサーバとブラウザは、インターネットの普及に大きな力を果たし、マスコミ等では「インターネット」の語がWWW利用と同義語とさえなっている。WWWサイトは、一説には全世界で10億ページともいわれており、これらのWWWサイトは、企業や団体の広報や個人の趣味にいたるまで発信される内容も極めて多様で、大学や学会等を代表として学術的に有用な情報もかなりの数に上っている。図書館が公開しているオンライン目録や電子化資料も飛躍的に伸びている。

これらの膨大なWWWページの利用は、利用者が記録するだけではもはや利用できず、テーマ（主題）ごとのWWWサイトをリストにしたリンク集やWWWを検索するYahoo、Goo等の検索エンジンと呼ばれるシステムも数多く登場し、個々のエンジンも大規模で高性能になっている。

しかし、リンク集や検索エンジンにも大きな限界がある。リンク集は、収録対象が増加するにしたがって、大規模なものとなり通覧性が乏しくなり利用しにくくなる。東京大学附属図書館ホームページにもインターネット情報源のリンク集を設けているが、これを作成・維持する中でも、リンク集の長大化する傾向が見られ通覧性・検索性に困難があることが明らかになった。また、リンク集は、あ

る限られたテーマについてのものが多く、利用者からどのようなリンク集が作成されているかも知られにくい。

　他方、検索エンジンは、この点は、改善されているが、全文検索方式によっているため、キーワードによる検索結果は数百を超えることも少なくない。例えば、夏目漱石に関する情報サイトを検索しようとした場合、夏目漱石について少しでも記述してある（趣味や郷土のコマーシャル等の）サイトまでがすべて検索されてしまい、求める夏目漱石の学術情報サイトや夏目漱石のテキスト情報がこれらの中に埋もれてしまうことになる。

　インターネット上で有用な学術情報資源が広がっているが、上記のリンク集や検索エンジンの制約により、これらの情報源が有効に用いられないままインターネットの中に埋没しかねない。

　インターネット上の情報資源を適切に利用者に提供することは、いまや大学図書館の使命のひとつであり、リンク集と検索エンジンのこれらの問題点を解消するため、一般のインターネット情報資源検索システム（エンジン）が、すべての情報源を対象にしているのに対し、学術情報資源に限ったインターネット上の有用な情報を収集し、検索するシステムを開発し、利用者に提供することが、東京大学附属図書館においても課題となっていた。

　1998年度、本学の学内経費である、東京大学若手研究者支援経費に附属図書館長をチーフとするグループとして「インターネット上の学術情報源データベース作成の試行」をテーマとして申請したところ、これが認められたので、1998年度に開発し、1999年3月に試行として公開したものである。

　従来の大学図書館では、紙媒体を中心とした学術図書、雑誌の収集・組織化・提供を行ってきたが、このシステムはこれに加えてインターネット上の電子的学術情報の収集・組織化・提供する事業であるといえよう。

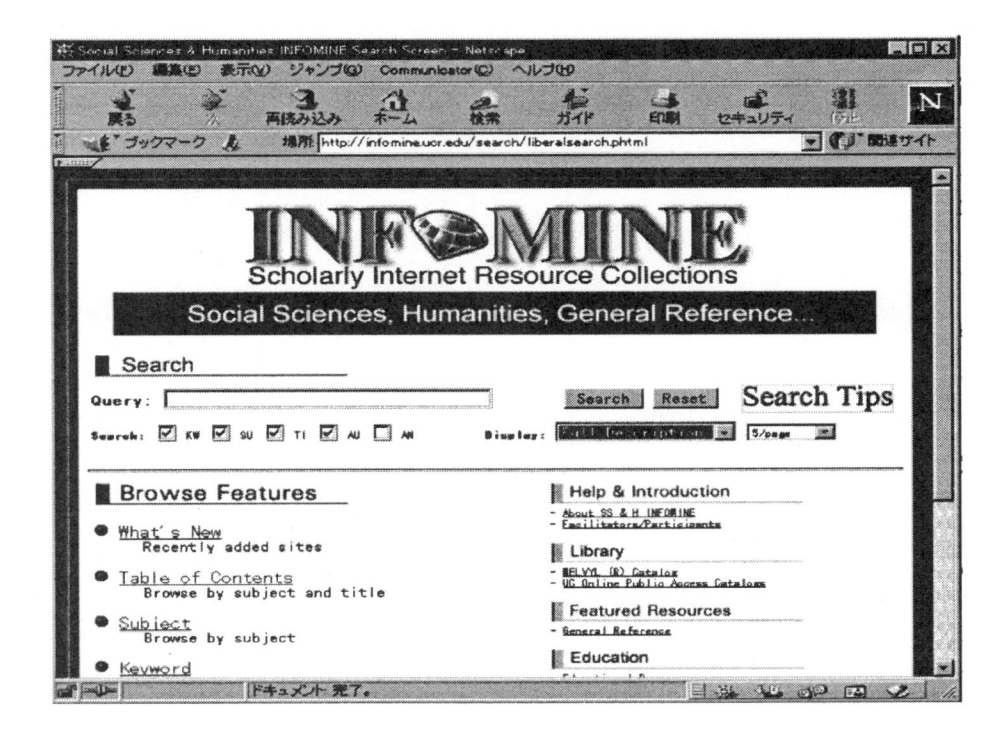

図3　INFOMINE

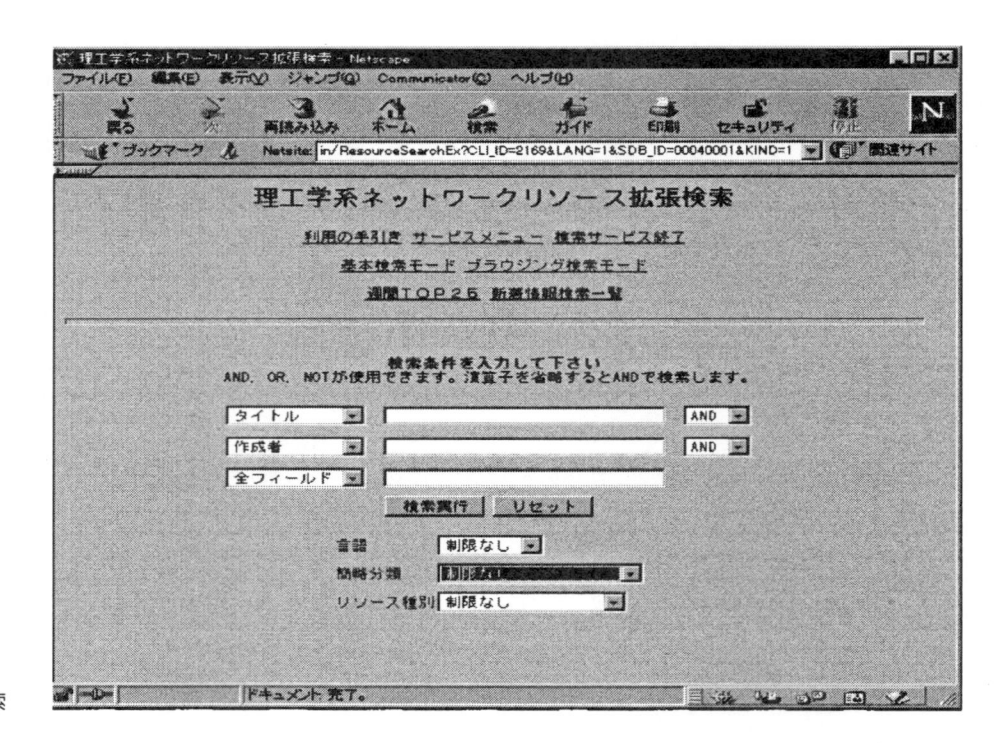

図4　東京工業大学
　　　理工学系ネットワーク
　　　　　リソース検索

2) インターネット上の学術情報検索システムURL
①BUBL LINK (Andersonian Library, Strathclyde Univ.)
http://bubl.ac.uk/link/
②INFOMINE Univ. of California Libraries
http://infomine.ucr.edu/
③CORC-Cooperative Online Resource Catalog OCLC
http://www.oclc.org/oclc/research/projects/cord/index.htm
④インターネット学術情報インデックス Index to Resources on Internet（東京大学附属図書館・情報基盤センター）
http://resource.lib.u-tokyo.ac.jp/iri/url_search.cgi
⑤理工学系ネットワークリソース検索／理工学系サーチエンジン（東京工業大学附属図書館）
http://tdl.libra.titech.ac.jp/cgi-bin/dlib/bin/ServiceMenu
⑥インターネットリソース検索サービス（図書館情報大学）
http://lib.ulis.ac.jp:8888/cgi-bin/ulisdl/search/bin/dlse

3. 欧米の先行事例と日本における類似システム[2]

このようなインターネット上の学術情報資源のデータベース化は、欧米においては既に存在している。最も著名なものは、英国 Strathclyde 大学、Andersonian Library が作成している BUBL LINK システムである（図2）。アメリカでは、カリフォルニア大学（University of California）図書館が提供する INFOMINE（図3）や共同目録で著名な OCLC が提供する CORC-Cooperative Online Resource Catalog がある。BUBL はインターネット初期から進められているプロジェクトであり、データベースには 11,000 件を収録している。米国の INFOMINE は 1994 年から開始され、その収録件数は、15,000 件に及んでいる。なお、これらの先行事例のうち、INFOMINE は、その作成方法等をインターネット上等に公開しており、今回我々の開発にとって最も参考となることが多かったサイトである。

日本における類似事例は、いずれも、1999 年3月の我々の検索システム公開と同時期に公開されたものである。ひとつは、東京工業大学附属図書館が作成した「理工学系ネットワークリソース検索／理工学系サーチエンジン」システムであり（図4）、いま一つは、図書館情報大学が作成した「インターネットリソース検索サービス」である（図5）。東京工業大学附属図書館のシステムは、収録範囲を理工学系に限定していること、情報源収集ロボットを活用していることに特徴があり、図書館情報大学のシステムは、日本の図書館関係を中心とした情報源についてWWWページごとに索引付けしている点に特色がある。これらは、いずれも図らずも同期間に開発・公開されており、インターネット上の電子的学術情報資源の組織化・サービスが、大学図書館において共通の課題・問題意識であることを示しているといえよう。

4. インターネット学術情報インデックスの概要と利用状況

(1) 概要

本学附属図書館が公開している「インターネット学術情報源インデックス」は、日本で発信されている情報源を中心に収集している。欧米系については、既にBUBL、INFOMINE 等の先行システムがあり、無駄な重複を避けるためである。また、収録対象は、特定分野ではなく、全分野としている。1999年3月の公開時点では、1,300 件あまりであり、歴史のある BUBL、INFOMINE 等とは比較すべくもないが、現在、更に増強を図っているところである[3]。(現在、本データベースを「インデックス」を称している、件数が未だ少なく「データベース」と呼ぶレベルに達していないためである。)

検索方式は、キーワード検索方式と分類による方式の2つの方式を用いている (図6)。これは、検索エンジンの Yahoo 等と同様である。キーワードにより多くの情報の中から必要なものを検索することができ、分類方式の採用によりキーワード検索の欠点を解消しようとするものである。キーワード検索では、もとめる主題のものが直接えられるが、反面、適切なキーワードが選択されない場合には、結局該当のものを検索することができない。逆に、分類方式では、特定分野を幅広くブラウズすることができるが、広範に見る必要があり、また、ブラウズでは発見できない資源をキーワードにより検索することができる。両者を併用することにより相互に補い合うことができる。

キーワード検索では、キーワードの前方一致、ワード間の論理演算（AND、OR、NOT）をサポートしている。キーワード検索では、ヒットした結果と簡単な紹介とが一覧表示される (図7)。一覧表示からは、二つのリンク先がある。一つは、該当情報源の詳細な（書誌）記述であり（図8）、もうひとつは、該当の情報源自体へのリンクである。検索結果が多すぎた場合には更に絞り込み検索が可能

[3] 2000年4月24日現在、収録件数は2038件である。

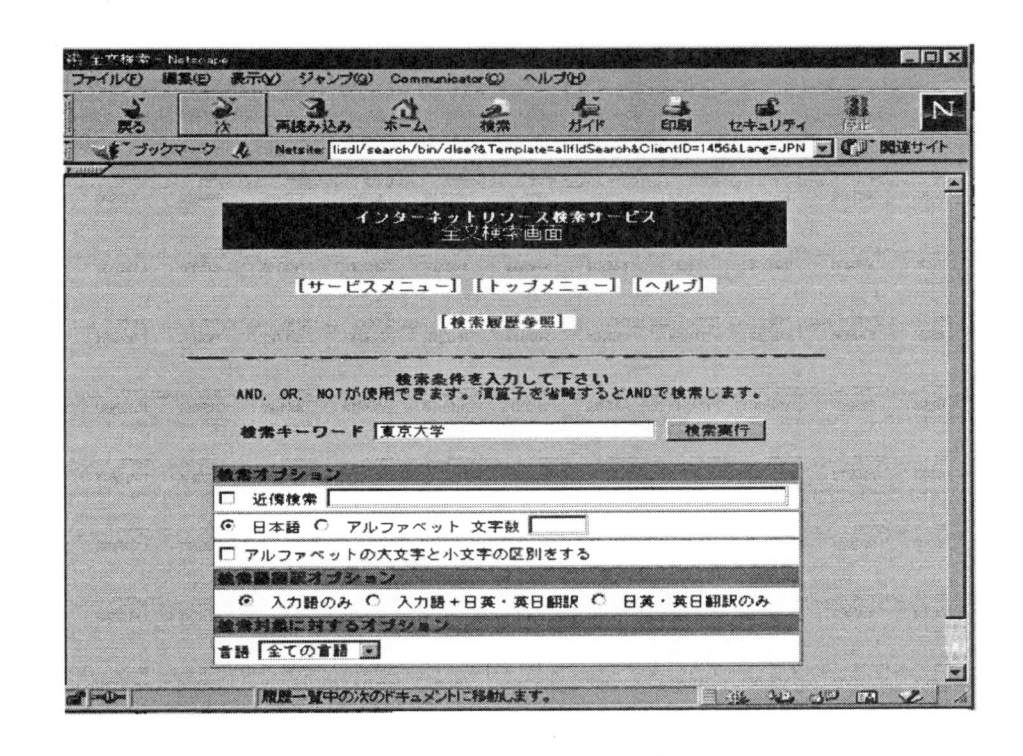

図5　図書館情報大学インターネットリソース検索サービス

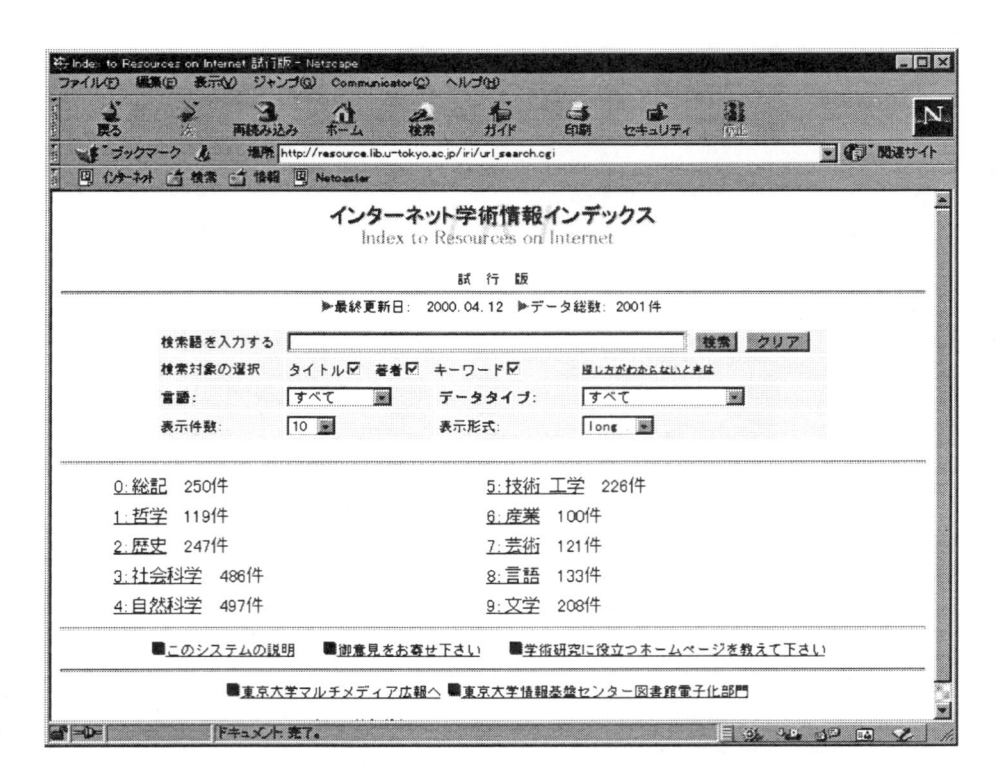

図6　インターネット学術情報インデックスホームページ

である。

分類による方式では、分類法として、日本十進分類（第9版）を採用している。これは、公共図書館や多くの大学図書館で採用され、多くの利用者がなじんでいるためである。分類による場合、トップ画面から十区分ごとに下位分類を選択する。現在のシステムでは、100区分にとどめている（日本文学だけは件数の点から1000区分としている）[4]。各分類画面で検索キーを入力することにより分類内での検索も可能としている。また、各分類画面からは、トップページを経ることなく、直接他の分類に移行できる等、操作性には留意した（図9）。

4) 現在は、分野毎の件数により、必要に応じて適宜細区分を行っている。

(2) 利用状況

本検索システムは、1999年3月から公開しているが、毎月およそ16,000回検索され、しかも、その90パーセントが、東京大学以外（外部）からの検索である（図10を参照。なお、6月はシステム障害のため利用数がカウントできなかった）。本学で提供しているオリジナルデータベースである「東京大学学位論文論題データベース」の利用件数が毎月3,000件程度であり、本インデックスの場合、この数倍のアクセスがあること、更に継続して、ほぼ同数の利用があることから、我々の開発してきたインターネット上の学術情報検索システムが利用者の要求・需要にまさにマッチした企画であることを示しているといえる。もちろん、先行するアメリカのINFOMINEシステムは、週60万アクセスもあり、本システムも更に一層の充実を図り、少しでもこれに近づくものとしたい。

5. 作成過程と作成体制

本システムは、既述のとおり、学内の「若手研究者支援経費」を得て1998年

度後半から開始したものである。データベースの企画は、学内の図書館情報学やコンピュータ科学の教官の助言を得ながら進められた。実際の作業は、1998年度附属図書館総務課に設けられた図書館電子化調査室のうち、主に4名が担当した。検索プログラムは、渡部 現情報基盤センター助手に作成していただいた。データ収集は、ロボットを用いず、すべて手作業で行った。

本データベースの作成は、まず、本データベースの目標や収録範囲の明確化から始め、各種の設計を行った。主な事項は、

①データベースの検索インターフェースの設計
②インターネット情報資源の書誌記述方式
③データベース項目の設計
④検索語・分類の付与方式の決定
⑤検索システム（プログラム）の仕様作成
⑥データ収集方式の決定

これらの設計は、その調査・検討を含め、8月～11月まで行った。

設計ののち、12月から3月まで、データの収集、データへの索引付け、データの入力を行い、データベースを作成した。データ検索システムは、2月から3月までUNIXサーバ上に開発した。データベースは、PC上のデータベースソフト（ファイルメーカプロ）で作成したものをPC-UNIXサーバ上の検索用データベースに変換した。なお、検索用データベースは、フリーソフトであるPostgre SQLを使用している。

6. インターネット情報源の書誌記述について

本データベースの設計の中で、インターネット上の電子的情報資源の書誌記述・

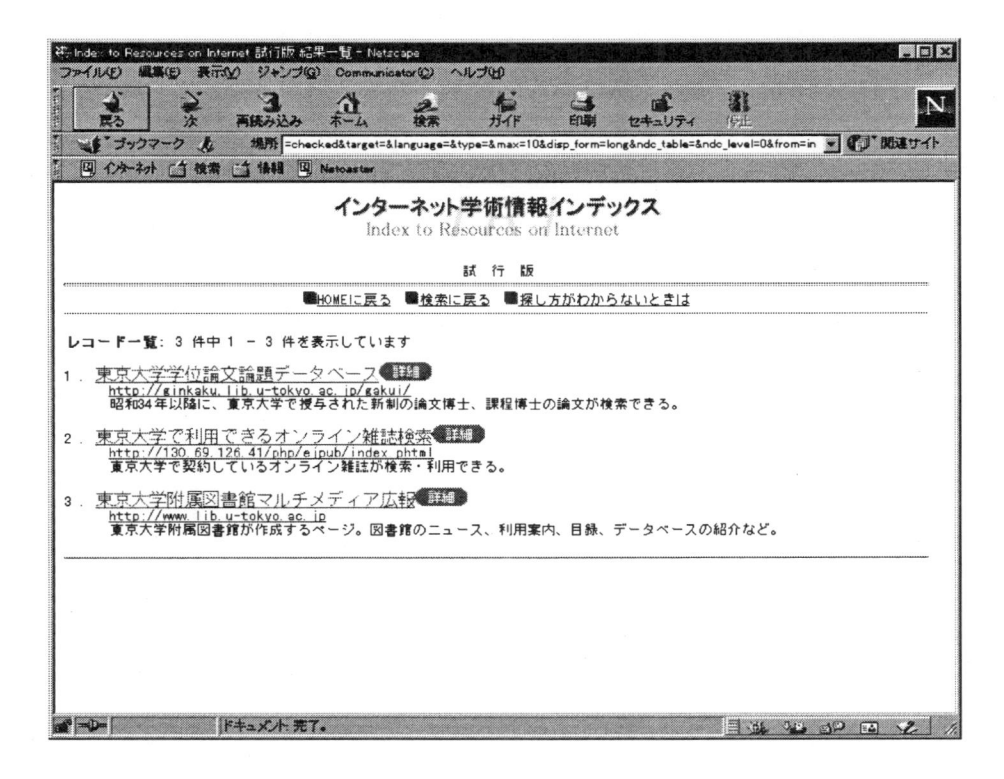

図7　検索結果一覧画面

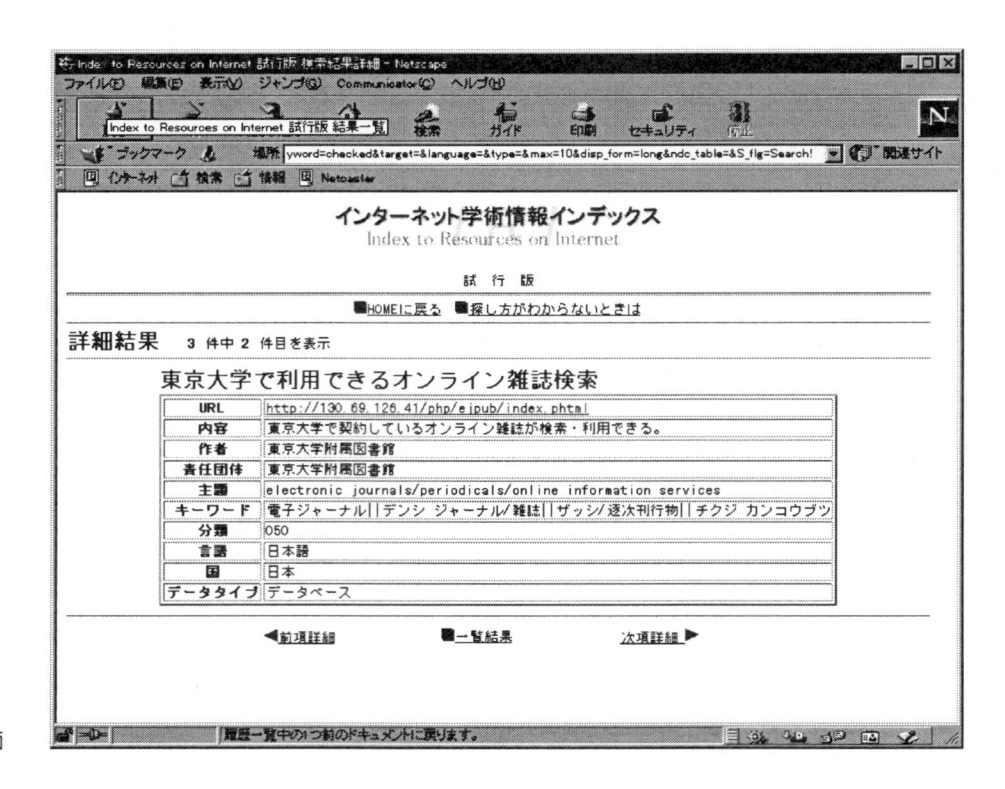

図8　詳細情報画面

項目の設定は、我々にとっての新たな課題のひとつであった。従来のメディアは、ほとんどが紙媒体及びそれに準じた資料であり、その書誌記述も当然、紙媒体を中心として定められてきており、最近の電子情報媒体についても、磁気テープ、CD、CD-ROM等のいわゆるパッケージ型の物理的形態を有するメディアのみが対象であった。これら伝統的な資料に関する記述については、かなり標準化されたレベルで詳細に記述方法が目録規則として定められている。しかし、ネットワーク上の電子的情報資源は、伝統的な資料と異なり物理的形態を持たず、伝統的な書誌記述が適用できないため、全く新しい情報形態であるインターネット上の電子的情報源の記述規則を作成する必要があった。これを定めるための方針としては、ゼロから全く新規に作成するのではなく、可能な限り既存の実績のある規則類に基づくこととした。この種の記述法・規則では、著名なものとして、或いは唯一実績のあるものとして、ダブリン・コアのDublin Core Element Setがあることがわかり、これをベースに検討し、項目・記述規則を決定することとした。しかし、Dublin Core Element Setは、文献型情報源だけを対象としている訳ではないため、非常に規定が抽象的、広汎であり、また、すべてが完全に規定されてもいないため、今回の「インターネット学術情報インデックス」データベースでは、あくまで準拠枠とし、独自の項目増設・解釈を行うこととした。(表1)

　ここでは、特に独自の設定、解釈を行った点について説明する。
①「読み」の追記：欧米諸語では、記述の語が直接に検索用インデックスとなりうるが、日本語等の東洋諸語では読みで検索できるようにするためには、記述自体に読みが必要となる。この点はDublin Coreでは全く考慮されておらず、Titleフィールド、Author or Creatorフィールドには「読み」を付け加えることとした。
② Subject and Keywordsフィールドは、Dublin Coreでは、フリーワードと統制

語があげられているが、「分類」を細区分として付加した。

③ Resource Type, Format は、Dublin Core の Workshop で作成しているとのことであったがその内容が十分には明らかでなかったので、今回、独自に設定することとした。

④ Resource Identifier：将来は、URN[5]の構想もあるようであるが、現在は URL が用いられているので、URL としている。

⑤言語：Dublin Core では RFC1766[6]を推奨しているが、日本において目録では、学術情報センター総合目録データベースに採用されている言語コードが普及しており、今回は、これを採用することとした。

⑥ Coverage：空間的（地理的）特性としているが、今回は、国名に限定し、学術情報センターの国コードを採用した。

その他、データベース管理に必要な項目として、ID No、採用年月日、更新年月日、注記を足した。

以上のように、純粋な Dublin Core Element Set とは相違する点が多くなったが、Dublin Core Element Set も更に改訂・拡張が進められていることでもあり、電子情報のデータベース化と試行の評価の中で更に検討を進めたい。

7. 主題語付与

主題語は、分類とキーワードを付与した。分類は既述のとおり日本十進分類法第9版で付与した。検索システムでは100区分（日本文学のみ1000区分）であるが、データベース上は付与する分類番号は極力細分した番号を付与している。検索システムは、全文検索システムであり、情報源の記述から検索することができるが、適切な検索を可能とするためにキーワードを付与している。キーワードは、フリーキーワードと統制語を付与することとした。統制語は、検索上の「ぶれ」を

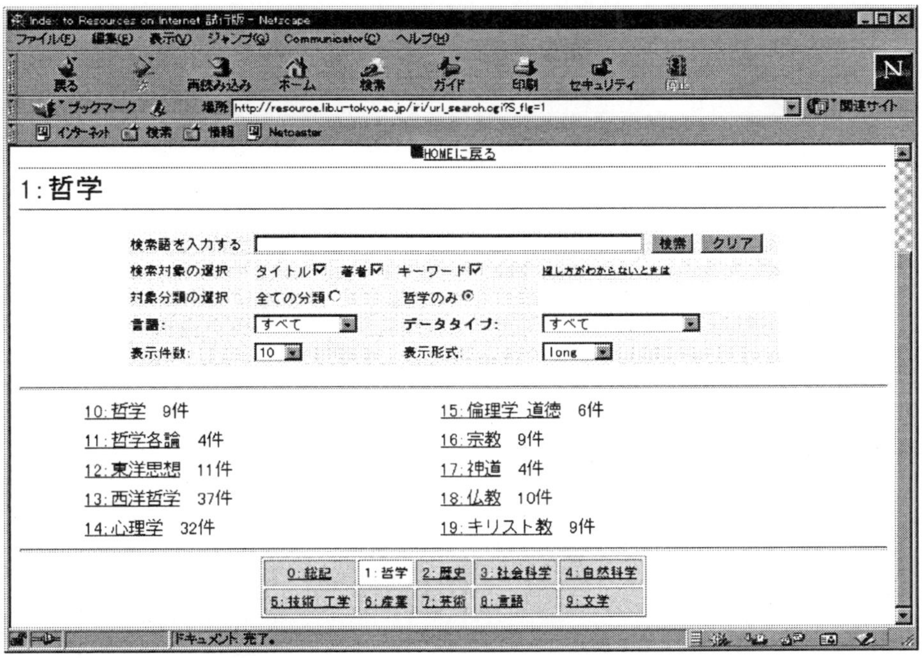

5) URNは、Uniform Resource Nameの略。URL (Uniform Resource Locator) がリソースの所在を示すのに対して、URLはリソース自体を一意に識別する名前、番号である。

6) RFCは、Request for Commentsの略で、Internet Engineering Task Forceが発行するインターネットに関する、ドラフトを含む一連の文書であり、その内容は通信プロトコル、プログラム等多岐にわたる。RFC1766は、言語同定のためのタグに関するもので、言語コードとしてISO639が用いられている。

図9　分類画面

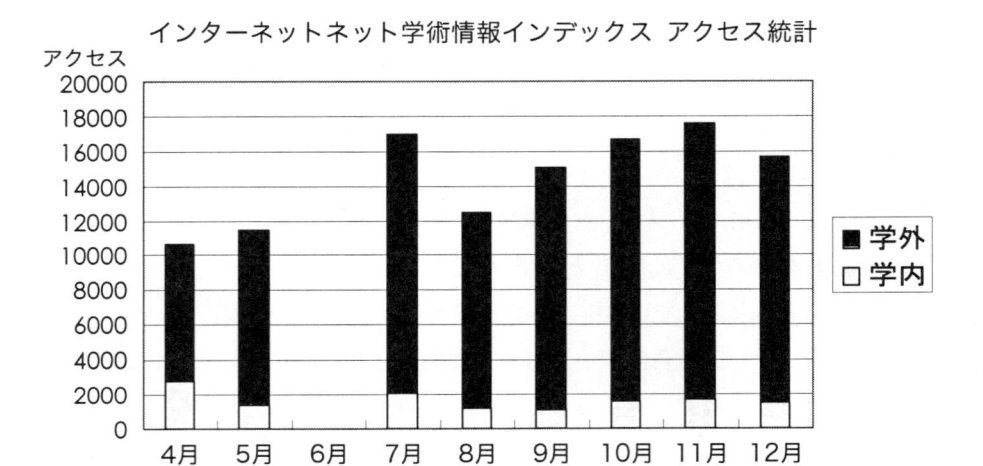

図10　利用統計

グラフ：インターネットネット学術情報インデックス アクセス統計（学外・学内、4月〜12月）

最小限にするために付与することとした。

　統制語は、米国議会図書館の件名標目表 Library of Congress Subject Headings (LCSH) 20版によることとした。これを採用したのは、日本で全分野をカバーし、実用に足る実績のある「件名標目表」がないためである。

　なお、分類番号、キーワード、統制語は、各々複数付与している。本データベースは、物理的資料を物理的に配置する必要はなく、書誌分類として扱えば良いからである。

8. 情報源の収集

　インターネット上の学術情報源の収集は、ロボットを用いず、すべて手作業で行った。主要な主題ごとのリンク集、インターネット情報源を案内した各種分野ごとの専門書、各分野の専門雑誌に掲載されたインターネットサイト紹介記事、学術情報資源を徹底的に収集し、これをベースに、大学や研究所、学会等の学術機関のWWWサイトをも調査し、これらの中から学術的に有用な情報資源を選択した。選択基準は、学術情報として有用であること、安定的に提供されること等である。

　インターネット上の学術情報源の収集選択から主題語の付与・データ入力まで、担当した4名が担当分野ごとに行った。

9. ネットワーク情報源の書誌記述作業と諸問題

　ネットワーク上の電子的情報源が、歴史のある図書型資料や最近増加しているCD-ROM等のパッケージ型資料とは全く異なった情報源であることから、インターネット上の学術情報資源のデータベースを作成することは、困難な点が非常に多く、試行錯誤の連続であった。

(1) 記述対象資料としての「ユニット」の曖昧さ

　従来の図書型資料では、資料の単位が物理的形態と概ね合致する。ある図書が、単行書であれシリーズものであれ、物理的にどこまでがその資料であるかは、当

然であるが非常に明快である。また、雑誌論文でも、どこまでがその論文であるかは明らかである。こうした紙媒体資料に対して、WWWサイトの情報は、資料としてのまとまり（ユニット）が、判然としないケースがある。リンクにより他のページと結びついているためリンク先を含めて統一的な対象としてみるべきか、リンク先を含まないか等があり、また、WWWページに複数の内容が含まれている場合等、情報単位としての識別が付きにくい等もあり、これらはケースごとに判断せざるを得ない。WWWサイトのページには、図書資料のページに相当する識別子がないことも記述を困難としている。

(2) 責任性（著者性）の曖昧さ

図書型資料の場合には、責任性表示として記載されている名前・名称と著者・編者・翻訳者等の役割が明記されいる。紙媒体資料では長い歴史・伝統の中で著者表示・責任性表示の表示原則、表示方法が培われ形成されてきたが、歴史の極めて浅いインターネット上の情報源では、必ずしも名前・名称が記載されていない場合も多く、また責任性表示や役割表示が必ずしも明確に表示されていない。

(3) 出版事項の曖昧さ

出版事項についても、図書型資料での出版社にあたるものが全く異なる。インターネット情報源の場合、出版の概念が全く異なっており、著者が出版者に当たるケースも多いが、必ずしも明確ではない。出版年についても図書に相当するものがない。

(4) 各項目記述の根拠となる情報源の規定

従来の図書型資料の目録規則では、各記述項目が定められているだけでなく、各項目に記述すべき情報についての情報源がその優先度と共に規定されている（例えば、タイトルページ（標題紙）、奥付け、タイトルページ裏、表紙等）。図書型資料は、極めて長い伝統、歴史を持ち、その中で資料の形態・要素が定まってきており、これに目録規則が対応している。インターネット上の情報資源の場合は、当然、紙媒体資料ではないので、紙媒体資料を構成するような記述情報源がなく、直截に図書型資料の情報源の規則を適用できず、また、形成の歴史が浅いため、記述要素も定まっていない。例えば、WWWページを記述する言語HTMLには＜title＞タグがあるが、必ずしも該当ページのタイトルを適切に表現している訳ではない。このため、記述する情報をどこから採集するかは、その都度判断せざるを得ず、複数のページから合成せざるを得ない場合もあった。

(5) 情報源の可変性

図書型資料は、出版され収集されてしまえば、それから内容が変化することはない（もちろん、改訂版が発行される場合もあるが、その場合も初版とは異なった物理的な存在として発行され、この発行により初版が変化することはありえない）。CD-ROMのようなパッケージ型電子資料でも、電子的とはいうものの、図

書型資料と同じである。インターネット上の情報資源は、図書のように物理的に存在する版が固定していることはなく、短期間で変化していることが多い。「更新時点」として更新日時が記録されているが、図書と異なって、更新前の状態が保存されることはない。このため、書誌記述（データベースに記録）した時点の内容と記述対象の内容が一致しないことが通常である。また、インターネット情報源の所在（アドレス、URL）も、当該情報源を提供しているサイト内の構成の変化やサーバの更新等により変化しており、記述時点と異なることはかなりの頻度に上る。この最大の変化は、サイトの消滅である。インターネットの情報源のうち、無償で公開されている多くのサイトは、個人ベースやわずかな予算で維持されているとこが多く消滅することも決して少なくない。これらの特性は、従来の物理的な存在である図書型資料にはないものである。

6. 古典の全文テキストの場合の底本

インターネット上には、古典を中心に多くの全文電子テキストが存在しており、テキスト解析等に極めて有用であるが、これらテキストの典拠・底本が明らかとされていないケースも多く、学術資料として価値・評価が困難である場合がある。

10. データベース作成上のその他の問題

(1) 主題語付与における問題

本データベース作成における困難のひとつは、主題語を付与する作業であった。特に、統制語の付与は、ほとんどの大学図書館では行われておらず、分類記号の付与しか行っていない我々には、まったくの初めての作業であった。それに加えて、Library of Congress Subject Headings (LCSH) という英語ベースの件名標目表の採用により作業が過大なものとなった。しかし、主題語付与における困難さは、基本的には、対象資料がネットワーク情報によるものではなく、大学図書館が従来、データベースを独自に作成することの少なさに起因するものである。

(2) 収集における問題

我々の「インターネット学術情報インデックス」データベースの作成に当たって、もっとも重要な課題は、情報源そのものをいかにして収集・選択するかである。収集対象範囲を日本に限定したものの、全分野を、わずか数名の担当者のみで収集にあたることは、試行とはいえ、困難な作業であった。

困難さのひとつは、いうまでもなく、広汎なインターネット情報源の中から、情報を収集することである。情報は、各種学術資料のネットワーク資源紹介、リンク集等から収集したが、もちろん十分なものではない。図書資料の場合には、分野別の目録、新刊資料案内（出版ニュース・出版案内）、各国書誌、書店の案内等のツールが整備されており、これらに基づいて選書・収集が行われているが、インターネットの場合には、出版取次ぎに相当するものもなく、新刊案内も、納本図書館もなく、わずかな手がかりと主要サイトをベースに、極めて限られた人員で収集することになった。

もうひとつの困難は、学術情報の評価である。もとより評価といっても当然、データベースに収録するかの取捨選択に限られた評価であるが、広汎な主題の各分野において、情報源を評価することは難しいことであり、作成機関、作成者等から判断せざるを得なかった。

　これと関連する問題は、「学術的」であることの意味である。学術研究のもととなる情報自体に、もとより「学術」の区分はなく、学術研究の対象・素材となる点では、いかなる情報も「学術的」である。しかし、他方、現実にある種の情報が学術情報として流通していることも事実である。この点は、図書型資料の収集と同じ問題である。

(3) メンテナンスの問題

　既述のように、インターネット情報源は、サイトのアドレス（URL）が変更になったり、消滅する。このため、データベースを維持していくためには、データのチェックとメンテナンスが不可欠である。現在は、URLをチェックするフリーソフトウェアを1ヶ月に1回程度実行し、その結果によりアドレスの修正を手作業によって行っている。アドレスが変更になるものは、月に1～2パーセント程度である。

11. 今後の課題・展望

　以上のように、本データベースの作成は、対象資料の特性からその構築まで、まったく新しい事柄の連続であり、多くの困難もあったが、本データベースが多くの利用者から支持されていることは、公開後のアクセス件数からも明らかである。また、海外における先行データベースBUBL、INFOMINE等の実績もこの種のデータベースの意義を示している。

　日本におけるインターネット学術情報の総合案内サイトして今後、量・質ともに一層の拡充を図っていく必要があり、そのための課題としては、次のものがある。

(1) 収録範囲の拡張

　日本における学術的情報源は、欧米に比して少ないというものの、なお収録されていない情報が多く、収録範囲を実用に足る量までに拡充する必要がある。現在、本インデックスは、情報基盤センター電子図書館部門において維持されているが、収集は、担当部門だけが行うのではなく、各研究者（教員、大学院学生）や専門分野の各大学図書館からの情報源収集の協力を得ていくことが不可欠である。既に、東京大学内においては、図書館ニュース等で情報源収集をお願いしているほか、学部等部局の図書館・室にも協力要請をしているところである。先行事例であるCalifornia大学のINFOMINEも、当初は、California大学Riversideキャンパス図書館が始めたものであるが、現在は、California大学の10の図書館が共同し分野を担当して作成に当たっている。

(2) 国内類縁データベース作成機関との連携

データベースの拡充を図るためには、国内の類縁データベース作成機関との連携が不可欠である。重複した作業を止め、合理的に形成するためには、データベース自体を単一化・統合せずとも、収録対象分野の調整、棲みわけ又は相互のデータ交換を図っていく等の連携を図る必要がある。

(3) ネットワーク情報源の記述規則の明確化

　連携を図るためにも、ネットワーク情報源の記述規則について、従来の試行の経験を総括し、また、Dublin Core Element Set等の国際的基準の動向を踏まえて、ネットワーク情報源の記述規則を明確にする必要がある。

　インターネット上の学術情報は、急激に増大し、この有効な組織化は大学図書館にとっての緊急の課題である。本学のシステムがこうした課題に少しでも寄与できるよう、一層の充実を図りたい。本稿の読者の方には、ぜひとも我々の「インターネット学術情報インデックス」をご覧いただき、本稿ならびにシステムに対して忌憚ないご意見をお寄せくださるようお願いしたい。（ご意見は、本システムの意見欄 http://resource.lib.u-tokyo.ac.jp/iri.h/iken.html 若しくは電子メールにてお寄せいただければ幸いである。）

〈関係文献〉

　大川直子他 "東京大学附属図書館におけるインターネット学術情報インデックスについて"『大学図書館研究』, no.56 (1999/9), pp.12-22

表1　Dublin Core・インターネット学術情報インデックス記述項目 対照

Dublin Core	インターネット学術情報インデックス（IRI）	IRI独自	内容上の変更点・注記
1. Title	タイトル		日本語（東洋諸語）ではヨミが必要。
	タイトルよみ	○	
2. Author or Creator	著者		
	作者よみ	○	日本語（東洋諸語）ではヨミが必要。
3. Subject and Keywords	キーワード		IRIでは、フィールドを3分割した。 ① キーワード：フリーワード ② 主題：統制語（LCSH） ③ 分類：NDC
	主題		
	分類		
4. Description	内容		
5. Publisher	責任団体		
6. Other Contributor	他の関係者		
7. Date	公開日		
8. Resource Type	データタイプ		Dublin Core：Workshopで作成中のリストを推奨 IRI：独自に設定
9. Format	データ形式		Dublin Core：Workshopで作成中のリストを推奨 IRI：独自に設定
10. Resource Identifier	URL		IRI：現状ではURLのみが有効と解釈
11. Source	原典		
12. Language	言語		Dublin Core：RFC1766を推奨 IRI：NACSIS 言語コードをベース
13. Relation	関連するWebページ		Dublin Core："IsBasedOn"を推奨 IRI：記述規則定めず
14. Coverage	国		Dublin Core：空間的（地理的）、空間的特性 IRI：国に限定。NACSISコードをベース
15. Rights Management	権利処理		
	ID no.	○	IRIのみの利用目的のために追加
	採用年月日	○	
	更新年月日	○	
	注記	○	

日本目録規則(NCR)1987年版改訂版
第9章改訂案（1999.11.20段階）

9.0　通則

この章では，電子資料の記述について規定する。電子資料はコンピュータ（その周辺装置を含む）によって利用可能となるデータ，プログラム，または両者の組合せである。電子資料の利用は，ローカルアクセスとリモートアクセスの場合がある。ローカルアクセスの場合は，記述対象を利用する際に記録媒体を直接的に操作する必要がある。一方，リモートアクセスの場合は，利用者は記録媒体に触れることはない。

なお，電子資料の記述に必要な条項がこの章で得られない場合は，関連する各章に規定するところによる。また，該当する適切な章によって記述を作成することもできる。

9.0.0.1（記述の原則）　書誌的事項は，記述対象を他の資料から同定識別できる範囲で，必要かつ十分なだけ記録する。

ア）記述対象の内容，範囲，他の資料との書誌的関係などについて記録することもある。

イ）書誌的事項は，ISBDに基づく構成順位で，組織的に記録する。

ウ）ISBD区切り記号を，書誌的事項の区切りと識別のための手段とする。

電子資料においては，これらの原則と並んで，利用のために必要とされる機器およびソフトウェアが容易に識別できるように記述する。

9.0.1　記述の範囲

ある資料を他の資料から同定識別する第1の要素はタイトルである。しかし，同一タイトルの他の資料から，あるいは同一著作の他の版から，当該資料を同定識別するためには，責任表示，版次，出版・頒布等に関する事項，形態に関する事項，シリーズに関する事項等も記録しておく必要がある。また，その資料の付属資料とか内容細目なども記録することがある。

9.0.2　記述の対象とその書誌レベル

9.0.2.1（記述の対象）　原則として，単行資料または逐次刊行物を記述の対象とする。また，複製物はその原資料ではなく，複製物自体を記述の対象とする。

9.0.2.1A　個々の資料のほかに，グループ全体に固有のタイトルがある単行資料の集合（セットもの，シリーズ等）を記述の対象とすることができる。

単行資料の集合には次にあげるものを含む。

(1)　固有のタイトルがある付録などと組み合わせて刊行されたもの

(2)　複合媒体資料

9.0.2.1B　固有のタイトルがあり，形態的に独立していない著作等（構成部分）を記述の対象とすることができる。

9.0.2.2（記録の書誌レベル）　記述の対象に応じて，次に示す書誌レベルの記録を作成する。

記述対象	記録の書誌レベル
単行資料	単行レベル
逐次刊行物	逐次刊行レベル
単行資料の集合	集合レベル
構成部分	構成レベル

9.0.2.2 別法　必要ならば，物理単位の記録を作成する。（1.10参照）

9.0.2.3（単行レベルの記録）　単行資料を記述の対象とするときは，単行単位を記述の本体とする書誌的記録を作成する。その記録は，単行単位，集合単位または逐次刊行単位，構成単位の順とする。集合単位または逐次刊行単位はシリーズに関する事項，構成単位は内容細目として記録する。

9.0.2.3　任意規定　単行単位のなかに2以上の著作が含まれているときは，それぞれの著作を記述の本体とする書誌的記録を作成する。

9.0.2.3A　複数の集合単位もしくは構成単位があるときは，書誌階層において上位レベルものから順次記録する。

9.0.2.3B　単行レベルの記録の記載（出力）様式については，第Ⅰ部の記述付則1に示す。

9.0.2.4（逐次刊行レベルの記録）　逐次刊行物を記述の対象とするときは，逐次刊行単位を記述の本体とする書誌的記録を作成する。その記録は，逐次刊行単位，集合単位，構成単位の順とする。集合単位はシリーズに関する事項，構成単位は内容細目として記録する。逐次刊行物は，原則として集合レベルの記録は作成しない。

9.0.2.4　別法　集合単位のタイトルを共通タイトルとし，逐次刊行単位のタイトルを従属タイトルとして記録する。シリーズに関する事項は記録しない。

9.0.2.4A　2以上の集合単位もしくは構成単位があるときは，書誌階層において上位レベルのものから順次記録する。

9.0.2.4B　逐次刊行レベルの記録は第13章の規定による。その記載（出力）様式については，第Ⅰ部の記述付則1に示す。

9.0.2.5（集合レベルの記録）　単行資料の集合を記述の対象とするときは，集合単位を記述の本体とする書誌的記録を作成する。その記録は，集合単位，単行単位，構成単位の順とする。

9.0.2.5A　記述の本体とした集合単位より上位レベルの集合単位があるときは，記述の本体とした集合単位のあとに，上位レベルのものから順次，シリーズに関する事項として記録する。

9.0.2.5B　集合レベルの記録の記載（出力）様式については，第Ⅰ部の記述付則1に示す。

9.0.2.6（構成レベルの記録）　構成部分を記述の対象とするときは，それぞれの構成単位を記述の本体とする書誌的記録を作成する。その記録は，構成単位，単行単位，集合単位の順とする。

9.0.2.6A　複数の集合単位があるときは，書誌階層において下位レベルのものから順次記録する。

9.0.2.6B　構成レベルの記録の記載（出力）様式については，第Ⅰ部の記述付則1に示す。

9.0.3　記述の情報源

9.0.3.1（記述の情報源）　記述は，そのよりどころとすべき情報源に表示されている事項を，転記の原則（1.0.6.1参照）により，そのまま記録する。記述のよりどころとすべき情報源は，次の優先順位とする。なお，内部情報源に表示されている事項が不十分な場合および機器等がなく内部情報源の確認が困難な場合は，優先順位に従い他の情報源から必要な書誌的事項を入手する。また，資料がリモートアクセスのみ可能な場合，外部情報源は存在しない。

ア）内部情報源
　（1）　タイトル画面（ページソース等のメタデータを含む）
　（2）　その他の内部情報源（メニュー，プログラム記述，リードミー・ファイル，索引など）

イ）外部情報源
　（1）　資料本体に永久的に貼り付けられたラベル
　（2）　出版者，製作者などにより作成された付属資料（解説書，ガイドブックなど）
　（3）　出版者，頒布者などによって作成された容器

ウ）その資料以外の情報源

9.0.3.1A　複製物はその原資料ではなく，複製物自体を情報源とする。原資料の書誌的事項が複製物のものと異なるときは，これを注記する。

9.0.3.2（各書誌的事項の情報源）　各書誌的事項の情報源は，次のとおりとする。

　ア）タイトルと責任表示……タイトル画面，その他の内部情報源，ラベル，付属資料，容器

　イ）版……タイトル画面，その他の内部情報源，ラベル，付属資料，容器

　ウ）ファイルの特性……どこからでもよい

　エ）巻次，年月次……その資料から

　オ）出版・頒布等……タイトル画面，その他の内部情報源，ラベル，付属資料，容器

　カ）形態……どこからでもよい

　キ）シリーズ……タイトル画面，その他の内部情報源，ラベル，付属資料，容器

　ク）注記……どこからでもよい

　ケ）標準番号，入手条件……どこからでもよい

9.0.3.2A　記述対象によるべき情報源がない場合は，参考資料をはじめとして，可能な限りの情報源を調査して，必要な書誌的事項に関する情報を入手し，これを記録する。

9.0.3.2B　所定の情報源以外から得た書誌的事項は，補記の事実を示すため角がっこに入れて記録する。必要があるときは，注記等で情報の出典を示す。

9.0.4　記述すべき書誌的事項とその記録順序

　記述すべき書誌的事項とその記録順序は，次のとおりとする。

　ア）タイトルと責任表示に関する事項

　　（1）　本タイトル

　　（2）　資料種別（任意規定による事項）

　　（3）　並列タイトル

　　（4）　タイトル関連情報

　　（5）　責任表示

　イ）版に関する事項

　　（1）　版表示

　　（2）　特定の版にのみ関係する責任表示

　　（3）　付加的版表示

　　（4）　付加的版にのみ関係する責任表示

　ウ）ファイルの特性に関する事項

　　（1）　ファイル内容

　　（2）　ファイルの数量と大きさ（任意規定による事項）

　エ）出版・頒布等に関する事項

　　（1）　出版地，頒布地

　　（2）　出版者，頒布者

　　（3）　出版年，頒布年

　　（4）　製作項目（製作地，製作者，製作年）

　オ）形態に関する事項

　　（1）　特定資料種別と資料の数量

　　（2）　その他の形態的細目

　　（3）　大きさ

　　（4）　付属資料

カ）シリーズに関する事項

(1) 本シリーズ名

(2) 並列シリーズ名

(3) シリーズ名関連情報

(4) シリーズに関係する責任表示

(5) シリーズのISSN

(6) シリーズ番号

(7) 下位シリーズの書誌的事項

キ）注記に関する事項

ク）標準番号，入手条件に関する事項

(1) 標準番号

(2) キイ・タイトル（任意規定による事項）

(3) 入手条件・定価（任意規定による事項）

9.0.4.1 （2言語以上の同一書誌的事項）　同一書誌的事項が2言語（文字）以上で表示されている場合，並列タイトルと並列シリーズ名およびそれらのタイトル関連情報のみを記録し，その他の書誌的事項は本タイトルまたは本文の言語と一致するものを記録する。

9.0.5　記述の精粗

　この規則では，国際的な書誌記述の基準であるISBDで定めている書誌的事項を記録することを原則とする。しかし，それぞれの図書館等における適用では，その規模や方針に応じて，記録すべき書誌的事項の取捨選択を行うことができる。

　以下に，記述の精粗について，必須，標準，詳細の別による3水準を示す。

ただし，リモートアクセス可能な資料において，ファイル内容の更新が随時行われる場合は，版に関する事項は常に記録しない。また，リモートアクセスでのみ利用可能な資料においては，形態に関する事項は常に記録しない。

ア）第1水準　必須の書誌的事項

　　本タイトル＿／＿最初の責任表示．＿―＿版表示．＿―＿ファイル内容．＿―＿出版者または頒布者等，＿出版年または頒布年等．＿―＿特定資料種別と資料の数量．＿―＿（本シリーズ名）

イ）第2水準　標準の書誌的事項

　　本タイトル＿［資料種別］＿：＿タイトル関連情報＿／＿責任表示．＿―＿版表示＿／＿特定の版にのみ関係する責任表示．＿―＿ファイル内容．＿―＿出版地または頒布地等＿：＿出版者または頒布者等，＿出版年または頒布年等．＿―＿特定資料種別と資料の数量＿：＿その他の形態的細目＿；＿大きさ＿＋＿付属資料．＿―＿（本シリーズ名＿／＿シリーズに関係する責任表示，＿シリーズのISSN＿；＿シリーズ番号．＿下位シリーズの書誌的事項）．＿―＿注記．＿―＿標準番号

ウ）第3水準　本規則において規定するすべての書誌的事項

9.0.6　記録の方法

9.0.6.1 （転記の原則）　資料を記述するとき，次の書誌的事項は，原則として記述対象に表示されているままに記録する。

ア）タイトルと責任表示に関する事項

イ）版に関する事項

ウ）出版・頒布等に関する事項

エ）シリーズに関する事項

9.0.6.1A　ローマ字，キリル文字などを用いる欧米諸言語の資料（以下「洋資料」という）を記述する場合，

タイトルと責任表示に関する事項以外は，所定の略語（付録2参照）を使用する。また，次に示す略語は，言語にかかわりなく，ローマ字を用いる言語による記述すべてに使用する。ローマ字以外の言語では，これらに相当する略語を用いる。

  et al. ＝ほか

  s. l. ＝出版地不明

  s. n. ＝出版者不明

9.0.6.2（目録用の言語・文字）　形態に関する事項や注記に関する事項などにおいては，特に記述対象から転記する必要がある事項以外，原則として日本語によって記録する。（0.6.1参照）

9.0.6.2 別法　洋資料を記述する場合，形態に関する事項や注記に関する事項などにおいては，目録用の言語として英語を用いる。

9.0.6.3（文字の転記）　漢字は，原則として所定の情報源に使用されている字体で記録する。楷書以外の書体は楷書に改める。かなはそのまま記録するが，変体がなは平がなに改める。ローマ字，キリル文字等，外国の文字も，原則としてそのまま記録するが，大文字の使用法およびISBD区切り記号法以外の句読点の使用法は，当該言語の慣行に従う。また，文字の大小の表示は再現せず，全部同一の大きさの文字で記録する。

9.0.6.3 別法1　常用漢字表に収録されている漢字は，常用漢字表にある字体を使用する。

9.0.6.3 別法2　洋資料を記述する場合，ローマ字しか再現できない印刷方法，文字コード表などを用いるときは，ローマ字以外の文字をローマ字化する。

9.0.6.4（数字の記録）　タイトルおよび責任表示に関する事項においては，数字はそのままの形で記録する。その他の書誌的事項においては，数量とか順序などを示す数字はアラビア数字とする。ただし，識別のために二様以上の数字を用いる必要があるときは，そのままの形で記録する。

9.0.6.5（再現不能の記号等の記録）　記号等は，原則としてそのまま記録する。採用する印刷方法，文字コード表などによって，表示のとおり転記することが不可能な記号等は，説明的な語句におきかえ角がっこに入れる。さらに必要があるときは注記において説明を加える。

9.0.6.6（誤記，誤植）　書誌的事項の明らかな誤りは正しい形に訂正し，訂正したことが明らかになるような方法で記録する。もとの形は必要があるときは注記する。脱字は補記するが，この場合は角がっこ（一対）の前後にスペースを置かない。

9.0.6.7（ISBD区切り記号法）

9.0.6.7A　各書誌的事項を同定識別するために，ISBD区切り記号を用いる。区切り記号によって，明確にそれぞれの書誌的事項を指示することにより，別言語の場合を含め，書誌情報の理解を容易にすることができる。ISBD区切り記号の使用は，書誌情報の交換の場において有効である。（ISBD区切り記号以外の句読法と，ISBD区切り記号であっても一般的でないもの，および条文・例示におけるスペースの指示記号については，付録1を参照）

9.0.6.7B

 (1)　次に示す区切り記号を書誌的事項の前に用いる。区切り記号の前後はスペース（この規則では＿で示す）とするが，コンマ（, ），ピリオド（. ）は区切り記号（丸がっこ，角がっこなど）に続くスペースを置かず，後ろにのみスペースを置く。丸がっこ（（　）），角がっこ（［　］）は一対で一つの区切り記号になるので，丸がっこ（一対）または角がっこ（一対）の前後にスペースを置く。ただし，丸がっこまたは角がっこが隣接する他の区切り記号のスペースと重なるときは，スペースを一つとする。

 (2)　略語で終わるときで，区切り記号としてのピリオド（. ）と重なるときは，略語を示すピリオドを省く。

(3) 同一の書誌的事項が 2 以上重複するときは，各事項ごとに所定の区切り記号を前に置く。

ア）ピリオド，スペース，ダッシュ，スペース（. ＿—＿）：次にあげる事項の前に置く。改行した場合はその前に区切り記号を置かない。

(1) 版に関する事項
(2) ファイルの特性に関する事項
(3) 出版・頒布等に関する事項
(4) 形態に関する事項
(5) シリーズに関する事項
(6) 注記に関する事項
(7) 標準番号，入手条件に関する事項

（同一の事項が 2 組以上あるとき，それぞれの組の中間にも同一区切り記号を繰り返し使用する）

イ）ピリオド，スペース（. ＿）：次にあげる事項の前に置く。

(1) 共通タイトルのあとに記録する部編や付録などのタイトル
(2) 総合タイトルがない場合の，責任表示の異なる 2 番目以降の個々のタイトル
(3) 下位シリーズ名

ウ）コンマ，スペース（, ＿）：次にあげる事項の前に置く。

(1) 付加的版表示
(2) 出版年，頒布年等，製作年
(3) ISSN

エ）スペース，コロン，スペース（＿：＿）：次にあげる事項の前に置く。

(1) タイトル関連情報（個々の情報ごとに）
(2) 出版者，頒布者等，製作者
(3) その他の形態的細目
(4) シリーズ名関連情報
(5) 下位シリーズ名関連情報
(6) 入手条件・定価

オ）コロン，スペース（：＿）：次にあげる事項の前に置く。

(1) 注記の導入語句と注記本体
(2) 多段階記述様式等における巻次等とタイトル（1.10.1.2 をも参照）

カ）スペース，セミコロン，スペース（＿；＿）：次にあげる事項の前に置く。

(1) 2 番目以降の，次の事項に関係する責任表示
　① 本タイトル
　② 版表示
　③ 付加的版表示
　④ 本シリーズ名
　⑤ 下位シリーズ名
(2) 同一責任表示の 2 以上の連続しているタイトルの 2 番目以降の各タイトル
(3) 2 番目以降の各出版地，頒布地等
(4) 大きさ
(5) シリーズ番号，下位シリーズ番号

キ）スペース，斜線，スペース（＿／＿）：次にあげる事項に関係する最初の責任表示の前に置く。

(1) 本タイトル

        (2)　版表示
        (3)　付加的版表示
        (4)　本シリーズ名
        (5)　下位シリーズ名
　　ク）スペース，等号，スペース（␣=␣）：次にあげる事項の前に置く。
        (1)　並列タイトル，並列シリーズ名等の並列情報
        (2)　キイ・タイトル
        (3)　逐次刊行物に複数の巻号表示がある場合の別方式の巻号表示
　　ケ）スペース，プラス記号，スペース（␣+␣）：付属資料の前に置く。
　　コ）スペース，角がっこ（一対），スペース（␣[　]␣）：次にあげる事項のほか，情報を補記する場合に用いる。(付録1をも参照)
        (1)　資料種別
        (2)　出版者，頒布者等に補記する役割表示
　　サ）スペース，丸がっこ（一対），スペース（␣(　)␣）：次にあげる事項のほか，情報を付記する場合に用いる。(付録1をも参照)
        (1)　製作項目（製作地，製作者，製作年）
        (2)　付属資料の形態的細目
        (3)　シリーズに関する事項
        (4)　標準番号または入手条件に関する説明語句

9.0.6.7B 別法　和資料（漢籍等を含む）の書誌記述において，ISBD区切り記号を省略する。

9.0.6.8（記入における記述の記載位置）　冊子目録，MARCレコードから出力した場合のマイクロ形態の目録，オンライン端末の画面の表示様式などでは，記入における記述の記載位置を，利用目的に応じて個別に定めることができる。目録用標準カード（75×125mm）を用いた場合は，記述の記載位置は付録5の例による。

9.1　タイトルと責任表示に関する事項

9.1.0　通則

9.1.0.0（記述の意義）　タイトルの存在は，書誌的記録成立の必須要件なので，記述対象を構成する著作の知的・芸術的内容等に関する責任表示など，以下に規定するその他の書誌的事項とともに，タイトルを記述の冒頭に記録する。（タイトルの表示がないときは9.1.1.2Bを参照）

9.1.0.1（書誌的事項）　記録すべき書誌的事項と，その記録順序は次のとおりとする。
　　ア）本タイトル
　　イ）資料種別（任意規定による事項）
　　ウ）並列タイトル
　　エ）タイトル関連情報
　　オ）責任表示

9.1.0.2（区切り記号法）
　　ア）資料種別は，角がっこに入れる。角がっこ（一対）の前後にスペース（␣[　]␣）を置く。（9.0.6.7B (1) 参照）
　　イ）各並列タイトルの前には，スペース，等号，スペース（␣=␣）を置く。
　　ウ）部編や付録などのタイトルで，共通タイトルのあとに記録するものの前には，ピリオド，スペース（.␣）を置く。
　　エ）総合タイトルがない場合の，責任表示の異なる2番目以降の個々のタイトルの前にはピリオド，スペ

ース（．␣）を置く。

オ）総合タイトルがない場合の，責任表示が同一な2番目以降の個々のタイトルの前には，それぞれスペース，セミコロン，スペース（␣;␣）を置く。

カ）タイトル関連情報の前には，各情報ごとに，スペース，コロン，スペース（␣:␣）を置く。

キ）最初の責任表示の前には，スペース，斜線，スペース（␣/␣）を置く。

ク）2番目以降の各責任表示の前には，スペース，セミコロン，スペース（␣;␣）を置く。

　　　　本タイトル␣［資料種別］␣=␣並列タイトル␣/␣責任表示␣;␣第2の責任表示

　　　　共通タイトル．␣部編のタイトル␣［資料種別］␣/␣責任表示

　　　　最初のタイトル␣［資料種別］␣/␣責任表示．␣2番目のタイトル␣/␣責任表示

　　　　最初のタイトル␣［資料種別］␣;␣2番目のタイトル␣/␣責任表示

　　　　本タイトル␣［資料種別］␣:␣タイトル関連情報␣:␣2番目のタイトル関連情報␣/␣責任表示

9.1.0.3（複製物）　複製物の場合，原資料ではなく複製物自体のタイトル，責任表示等を記録する。原資料のタイトル等が複製物のものと異なるときは，これを注記する。

9.1.1　本タイトル

9.1.1.1（本タイトルとするものの範囲）　資料に表示されているか，表示がない場合でも，それによって資料が同定識別される固有の名称が本タイトルである。本タイトルとするもののなかには，次に示すようなものもある。

ア）総称的な語，イニシアル，著作者名のみのもの

イ）識別上必要な数や文字と不可分なもの

ウ）別個に刊行された部編や付録などのタイトルで，本体をなす共通タイトルと部編や付録などの従属タイトルからなるもの

エ）本文と同一言語でない，唯一のタイトル（本文の言語を注記する）

9.1.1.1A　別タイトルは，本タイトルの一部として記録する。

9.1.1.1A 別法　別タイトルは，タイトル関連情報に準じて扱う。

9.1.1.1B　本タイトルの上部または前方に表示されている事項でタイトル関連情報，巻次，回次，年次等，責任表示，版次，出版者名，シリーズ名のような書誌的事項と判定される事項がある場合は，次のようにする。

ア）これらの事項が本タイトルの一部分とみなされるときは，全体を本タイトルとして記録する。

イ）本タイトルの一部分としてみなされず，別個の書誌的事項として判断されるときは情報源における表示の順序にかかわらず，当該書誌的事項の所定の記録順位に従って記録する。

　　　　通信白書 DVD-ROM．␣平成10年版

　　　　（タイトルと年次の表示の順を入れかえ）

9.1.1.1C　タイトル画面，その他の内部情報源，ラベル，付属資料，容器に表示されているタイトルが相違しているときは，これらのタイトル中に同一のものがあればそれを本タイトルとし，全部相違しているときは，優先順位に従って本タイトルを選定する。(選ばなかったタイトルは注記する)

　　　　日本独文学会ホームページ␣/␣日本独文学会データベース委員会［編］

　　　　（注記「タイトルはページソースのタイトルタグによる，タイトル画面には「日本独文学会」とあり」）

9.1.1.2（記録の方法）　原則として，当該資料の所定の情報源に表示されているままに記録する。本タイトルの一部が2行書き，または小さな文字で表示されていても，1行書きとし，全部同じ大きさの文字で記録する。

9.1.1.2A　ルビは，それが付されている語の直後に付記する。

9.1.1.2B　資料中のどこにもタイトルの表示がないときは，適切な情報源による本タイトルか，目録担当者

が決定した簡潔で説明的な本タイトルを補記する。

9.1.1.2C　資料全体に対応する総合タイトルがなく，資料の内容をなす2以上の著作それぞれのタイトルが表示されているときは，これらのタイトルと責任表示等を所定の情報源における表示の順で列記する。

9.1.2　資料種別（任意規定）

9.1.2.0（記録の目的）　当該記述対象の属する大まかな資料種別を，目録利用者に対して可能な限り記述の冒頭に近い記載位置で報知することを目的とする。

9.1.2.1（種別）　資料種別は「［電子資料］」を用いる。

9.1.2.1　別法　電子資料のみの目録を編成するときは，資料種別を省略する。

9.1.2.1A　記述対象が，資料種別の異なる2以上の構成要素からなっているときは，主たる構成要素の資料種別のみを示す。

9.1.2.1B　複製物（原資料代替物を含む）の場合，原資料ではなく，当該複製物の資料種別を記録する。

9.1.2.2（記録の方法）　資料種別は本タイトルの直後に記録する。総合タイトルがない場合は，最初のタイトルのあとに記録する。

9.1.3　並列タイトル

9.1.3.0（記録の目的）　複数言語の出版物が増加する傾向と書誌情報流通の国際化傾向に対応し，多元的な検索を可能とするため，並列タイトルを記録する。記述対象の本タイトルと本文の言語および文字は通常一致している。

9.1.3.1（並列タイトルとするものの範囲）　本タイトルとして選定するタイトルの別言語および別の文字（またはその一方）のタイトルで，所定の情報源に表示されているもの。次にあげる場合に記録する。

　ア）本タイトルに対応する別言語および別の文字（またはその一方）のタイトルで，この言語および別の文字（またはその一方）の本文があるもの

　イ）本タイトルと別言語の原タイトル（翻訳書などの場合）で，別言語の原文はないが所定の情報源に表示されているもの

　ウ）相当する言語の本文はないが，所定の情報源において本タイトルと同等に表示されているもの

9.1.3.1A　総合タイトルのない資料では，個々の著作の，別言語および別の文字（またはその一方）のタイトルを並列タイトルとする。

9.1.3.2（記録の方法）　本タイトルに続けて記録する。

　　　　　ビブリア＿=＿Biblia＿：＿天理図書館報

9.1.3.2　別法　注記の位置に記録する。

9.1.4　タイトル関連情報

9.1.4.0（記録の目的）　タイトル関連情報を記録することによって，本タイトルを限定，説明，補完する。

9.1.4.1（タイトル関連情報とするものの範囲）　タイトル関連の情報。本タイトルに対するもの以外に，並列タイトルや，資料中の各著作のタイトルに対するものもある。情報源における表示の位置は，本タイトルのあとに続くものが多いが，本タイトルの上部や前方の位置に表示されていることもある。タイトル関連情報にはサブタイトルやタイトル先行事項を含む。

9.1.4.2（記録の方法）　タイトル関連情報は，それのかかわる本タイトル（並列タイトルがある場合は，並列タイトル）に続けて記録する。同一著者の2以上のタイトルに共通するタイトル関連情報は，最後のタイトルに続けて記録する。

9.1.4.2A　2以上のタイトル関連情報があるときは，所定の情報源における表示のままの順で記録する。

9.1.5　責任表示

9.1.5.0（記録の目的）　著作の識別上，責任表示はタイトルとともに重要な役割を果たすので，著作の知的もしくは芸術的内容の創造，ないしは具現（演奏等を含む）に責任を有するか，寄与するところがある個

人ないしは団体を，その識別・機能などに関連する語句とともに記録する。また，当該資料がその一部をなす，包括的な資料全体の知的ないしは芸術的内容等に責任を有するものの表示も，資料の識別上有用であるため記録することがある。

9.1.5.1（責任表示とするものの範囲） 責任表示の範囲は，直接的な著作者，すなわち，製作者，プログラム設計者，プログラマなど，および間接的な著作者，すなわち，原案者，原作者，原画作成者なども含む。また通常これらの責任表示における人名や団体名には，その著作への関与のしかた，役割などを示す語句が付加されている。監修者，校閲者，スポンサーとしての団体名等が所定の情報源に表示されているときは，これを責任表示の範囲に含める。

9.1.5.1 別法 所定の情報源に表示されている監修者，監訳者，校閲者，解説者，序文執筆者，著作権者等は記録しない。これらは必要があれば注記する。

9.1.5.1A 資料のタイトル中に表示されている著作者名等は，責任表示としても記録する。

9.1.5.1B 記述対象になく，他の情報源から得た責任表示は注記する。

9.1.5.1C 2以上の個人や団体が表示されている場合は，次のようにする。

ア）同一の役割を果たしているときは，その数にかかわりなくこれら全体を一つの責任表示とする。

イ）異なる役割を果たしているものがあるときは，その役割ごとに別個の責任表示とする。

9.1.5.1D 一つの責任表示に記録する個人名や団体名の数が2までのときはそのまま記録し，3以上のときは，主なもしくは最初の名称一つを記録し，他は「［ほか］」（外国語形は9.0.6.1A参照）と補記して省略する。

9.1.5.1D 任意規定 記録しなかった個人名や団体名を注記する。

9.1.5.1D 別法 一つの責任表示において記録する個人名や団体名の数は，書誌的記録作成機関において，その必要に応じて定める。

9.1.5.2（記録の方法） 原則として，所定の情報源などにおける表示形のまま記録する。

　　　　　ビブリア␣=␣Biblia␣:␣天理図書館報␣/␣天理大学附属天理図書館編

9.1.5.2A 責任表示が2以上ある場合の記録順序は，情報源上の表示による。

9.1.5.2B 団体の名称が内部組織を含めて表示されているときは，情報源における表示のとおりに記録する。

9.1.5.2C 情報源に表示されていない語句等を責任表示に補記した場合は，これを角がっこに入れる。情報源の表示に，著作の種類を示す語句がないとき，またはタイトルと責任表示に記録した個人や団体との関連を明らかにする必要があるときは，これを補記する。

9.1.5.2D 識別上必要でないとき，次のものは省略する。

ア）人名の場合：学位，役職名等の肩書，所属団体名やそのイニシアル

イ）団体名の場合：団体名の冒頭に表示されている法人組織等を示す語

9.1.5.2E 総合タイトルのない資料の場合，収録されている各著作共通の責任表示は，すべてのタイトルのあとに記録するが，それぞれの著作に個々の責任表示があるときは，各著作のタイトルのあとにそれぞれの責任表示を記録する。

9.2 版に関する事項

9.2.0 通則

9.2.0.0（記述の意義） 当該記述対象がどのような版であるかを示す。そのため版次と，その版の成立にのみ関係する責任表示を記録する。版表示を記録することによって，タイトルと責任表示に関する事項の記録のみでは同定識別できない記述対象が属している版までを特定化できる。

　なお，リモートアクセス可能な資料において，ファイル内容の更新が随時行われる場合は，版に関する事項は記録しない。（9.7.3.2B参照）

9.2.0.0A 版表示は，記述対象が他の版と重要な相違がある場合，当該資料における表示の有無にかかわら

ず，転記もしくは補記する。（出版・頒布等に関する事項で，異版が識別できるときは，特に版表示に補記する必要はない）

9.2.0.0B　付加的版表示には，ある版に変更が加えられた再発行とか，その版の別名称に関する事項を記録する。

9.2.0.1（書誌的事項）　記録すべき書誌的事項と，その記録順序は次のとおりとする。
　　ア）版表示
　　イ）特定の版にのみ関係する責任表示
　　ウ）付加的版表示
　　エ）付加的版表示にのみ関係する責任表示

9.2.0.2（区切り記号法）
　　ア）版に関する事項の前には，ピリオド，スペース，ダッシュ，スペース（.＿―＿）を置く。ただし改行した場合はこの区切り記号を用いない。
　　イ）付加的版表示の前には，コンマ，スペース（,＿）を置く。
　　ウ）版表示および（または）付加的版表示に続く最初の責任表示の前には，スペース，斜線，スペース（＿／＿）を置く。
　　エ）2番目以降の各責任表示の前には，スペース，セミコロン，スペース（＿；＿）を置く。
　　　　　　．＿―＿版表示＿／＿責任表示，＿付加的版表示＿／＿責任表示

9.2.1　版表示

9.2.1.0（記録の目的）　記述対象の属する版を明らかにするため，特定の版であることを示す。情報源上に表示がなくても，他の版と顕著な差があると認められた場合は，適切な語句などを補うことによって，特定の版であることを示す必要がある。

9.2.1.1（版表示とするものの範囲）　版表示には，通常序数と，または他の版との差を示す「改訂」とか「新」という語と，「版」「バージョン」「リリース」などの用語が結びついた形がある。これに若干の語句が付加されていることもある。
　　　　　広辞苑＿［電子資料］．＿―＿第5版

9.2.1.1A　物理的なキャリアの違いおよび印刷やシステムのフォーマットの違い等は，版表示として扱わない。

9.2.1.1A　別法1　電子資料の利用に必要な応用プログラム，オペレーティング・システムであることを表す特定の名称は，版表示として扱う。
　　　　　Windows NT 日本語版

9.2.1.1A　別法2　外装に差があり，かつ特定の版として表示されているものは版として扱う。

9.2.1.1B　版として表示されていても，実際は巻次，回次，年次等に相当する場合は，別の書誌的事項として扱う。（1.10.1.1参照）

9.2.1.1C　複合媒体資料の個々の媒体毎に版表示がある場合は，全体に関わる版表示を記録する。全体に関わる表示がない場合は，個々の媒体の版表示は注記する。

9.2.1.2（記録の方法）　情報源における表示のまま記録し，補記した事項は角がっこに入れる。
　　　　　日本図書館情報学会会報＿／＿日本図書館情報学会．＿―＿［WWW版］

9.2.1.2　別法　次の版表示は記録しない。
　　ア）初版
　　イ）総合タイトルのない資料の各著作の版次
　　ウ）他の書誌的事項と結合していて，すでに他の箇所で記録されている版表示

9.2.1.2A　数字はアラビア数字とし，ローマ字ないしキリル文字の所定の略語がある語は略語化する。（付録

2 参照)

9.2.2　特定の版にのみ関係する責任表示

9.2.2.0（記録の目的）　記述対象の責任表示のうち，当該資料の属する版のみの改訂に関係した個人もしくは団体，またはその版の補遺的資料の著者は，版表示の直後に記録することで，この事実を明示する。

9.2.2.1（責任表示とするものの範囲）　当該資料の次に示す版にのみ関係する著者などとする。
　ア）特定の一つの版にのみ関係しているとき
　イ）2以上の版に関係しているが，すべての版には関係していないとき（その諸版すべてに関係する責任表示は 9.1.5 による）

9.2.2.2（記録の方法）　版表示の直後に記録する。記録の方法は 9.1.5.2 による。

9.2.3　付加的版表示

9.2.3.0（記録の目的）　版表示のなかには，複合的な階層構造を有するものがある。（例：ある名称を有する版グループ中の一つの版，または別の名称をもっている版など，また特定の版グループ中で，特に改訂，増補等の表示のある刷次もこれにあたる）このような状況に対応するため，通常の版表示に加えて，これをさらに特定化するための版表示が必要となる。2組の版表示を用いることで，特定版の限定という各種の複雑な状況に対応することが可能となる。

9.2.3.1（付加的版表示とするものの範囲）　一つの版グループ中の特定版に関するあらゆる種類の版表示を含む。

9.2.3.2（記録の方法）　情報源における表示のまま記録する。記録の方法は 9.2.1.2 による。

9.2.4　付加的版にのみ関係する責任表示

9.2.4.1（責任表示とするものの範囲）　付加的版にのみ関係する著者等。

9.2.4.2（記録の方法）　付加的版表示の直後に記録する。記録の方法は 9.1.5.2 による。

9.3　ファイルの特性に関する事項

9.3.0　通則

9.3.0.0（記述の意義）　電子資料の論理的特性を，その内容，数量および大きさを記録することで明らかにする。

9.3.0.1（書誌的事項）　記録すべき書誌的事項とその記録順序は，次のとおりとする。
　ア）ファイル内容
　イ）ファイルの数量と大きさ（任意規定による事項）

9.3.0.2（区切り記号法）
　ア）ファイルの特性に関する事項の前には，ピリオド，スペース，ダッシュ，スペース（. ＿-＿）を置く。
　イ）ファイルの数量と大きさは丸がっこ（（ ））で囲む。

9.3.1　ファイル内容

9.3.1.1（記録するものの範囲）　対象とする電子資料に含まれるファイルの内容を記録する。ファイルの内容は一まとまりのデータや一つの特定の名称で識別されるプログラムを一単位として記録する。

9.3.1.2（記録の方法）　ファイルの内容の記録には，次表の用語を使用する。ただし，一般資料表示を記録しない場合は，かっこ内の用語を使用する。なお，それぞれの図書館等における適用では，その規模や方針に応じて，3つのレベルのうちのいずれかの用語を選択する。また，表中に適切な用語がない場合は，それぞれの図書館等が定める用語を使用することができる。

第1レベル	第2レベル	第3レベル
データ (電子データ)	フォント・データ (電子フォント・データ)	フォント・データ (電子フォント・データ)
	画像データ(電子画像データ)	画像データ(電子画像データ)
	数値データ(電子数値データ)	統計データ(電子統計データ)
		調査データ(電子調査データ)
	地図データ(電子地図データ)	地図データ(電子地図データ)
	録音データ(電子録音データ)	録音データ(電子録音データ)
	テキスト・データ (電子テキスト・データ)	書誌データベース
		文書(電子文書)
		電子ジャーナル
		電子新聞
プログラム (電子プログラム)	アプリケーション・プログラム	CADプログラム
		データベース・プログラム
		DTPプログラム
		ゲーム
		表計算ソフトウェア
		文書作成ソフトウェア
	システム・プログラム	OSソフトウェア
		プログラミング言語
		検索プログラム
	ユーティリティ・プログラム	ユーティリティ・プログラム
データおよびプログラム (電子データおよびプログラム)	上記の用語の組み合わせ	上記の用語の組み合わせ
	インタラクティブ・マルチメディア	インタラクティブ・マルチメディア
	オンライン・サービス	オンライン・サービス

9.3.1.2A　ファイルの内容が複数のデータまたはプログラムからなる場合は，主たる内容を表す用語を記録する。主たる内容が特定できない場合は，それぞれの内容を表す用語を，表に示した順序で記録する。

9.3.2　ファイルの数量と大きさ（任意規定）

9.3.2.1（記録するものの範囲）　ファイル数，プログラムのステップ数やデータの論理レコード数，ファイルの大きさが明示されているときは，これを記録する。

9.3.2.1 別法　文書作成用ソフトウェア，通信用ソフトウェアなどのように，多数のファイルから構成されているが，全体として一まとまりの作業を実行するものは，ファイル数を省略する。

9.3.2.2（記録の方法）　ファイル数，ステップ数やレコード数をアラビア数字で表し，そのあとに単位を付ける。

省略法による単位の表記が一般的に用いられている場合は，その表記法によって記録する。

　　　画像データ（2ファイル␣：␣800，1250レコード，2MB）

　　　プログラム（35MB）

9.4　出版・頒布等に関する事項

9.4.0　通則

9.4.0.0（記述の意義）　記述対象の出版，発行，公開および頒布，発売等の狭義の出版に関する項目（以下「出版項目」という）ならびに製作，印刷等の製作に関する項目（以下「製作項目」という）を示す。すなわち出版物としての成立状況，版の同定識別（同一原版でも出版者の異なる場合），入手可能性および物としての資料の製作に関することを，以下に示す目的で記録する。

　リモートアクセス可能な資料は，すべて刊行物とみなす。したがって，以下にいう「非刊行物」は，ローカルアクセスされる資料に限る。

9.4.0.0A　出版地は，出版者の特定とか資料の内容等についての判断材料となることがあり，出版者は資料内容の観点とか質，情報の信頼性の判定に有用である。出版年は，その記述対象の版が最初に出版された年，すなわち情報内容の収録時点についての情報を明らかにする。

　また，頒布地，頒布者によって当該資料の入手先を知ることができる。製作項目を記録することによって，資料の局地性や内容の判定に役立たせることができる。

9.4.0.0B　出版項目のうち，頒布，発売等の項目は，出版，発行等の表示がないとき，その代替情報としての役割を果たす。ただし，それが重要であれば，出版，発行等の項目に付加して記録してもよい。

9.4.0.0C　出版物には，出版項目の他に製作項目が表示されることがあり，後者のみが表示されていることもある。物としての資料の製作にかかわる機能は，情報の流通を目的とする出版，頒布の機能とは区別して扱う。出版物の場合には，出版項目が不明のときに製作項目を記録する。ただし，それが重要であれば，出版項目に付加して製作項目を記録してもよい。

　なお，出版，頒布の機能と製作の機能が未分化であるか，両者の関係が明確でないときは，製作項目は出版項目とみなす。

9.4.0.0D　ローカルアクセスされる非刊行物には，本来の出版項目というものは存在しないので，当該資料の製作項目を記録する。

9.4.0.0E　複製物の場合には，その原資料ではなく，記述対象の出版・頒布等に関する事項を記録し，原資料の出版・頒布等に関する事項は注記する。

　ただし，複製物のうち原資料代替物には，本来の出版事項というものは存在しないので，当該資料の製作項目を記録する。

9.4.0.1（書誌的事項）　記録すべき書誌的事項と，その記録順序は次のとおりとする。

　ア）出版地，頒布地等

　イ）出版者，頒布者等

　ウ）出版年，頒布年等

　エ）製作項目（製作地，製作者，製作年）

9.4.0.2（区切り記号法）

　ア）出版・頒布等に関する事項の前には，ピリオド，スペース，ダッシュ，スペース（．␣—␣）を置くか，または改行して区切り記号を用いない。

　イ）2番目以降の出版地，頒布地等の前には，スペース，セミコロン，スペース（␣；␣）を置く。

　ウ）出版者，頒布者等の前には，スペース，コロン，スペース（␣：␣）を置く。

　エ）補記した出版者，頒布者等の役割表示は角がっこに入れる。角がっこの前にスペース（␣［　　］）を置く。

オ）出版年，頒布年等の前には，コンマ，スペース（, ␣）を置く。
カ）製作項目（製作地，製作者，製作年）は丸がっこに入れる。丸がっこの前にスペース（␣（　））を置く。
キ）製作者の前には，スペース，コロン，スペース（␣：␣）を置く。
ク）製作年の前には，コンマ，スペース（, ␣）を置く。

・␣―␣出版地␣：␣出版者, ␣出版年
・␣―␣頒布地␣：␣頒布者␣［役割表示］, ␣頒布年␣（製作地␣：␣製作者, ␣製作年）

9.4.0.2A 製作項目を出版項目に続けて記録するときは，9.4.0.2 カ）～ク）の規定によるが，製作項目のみを記録するときは，9.4.0.2 ア）およびキ）～ク）の規定による。

9.4.1 出版地，頒布地等

9.4.1.1（出版地，頒布地等とするものの範囲）　所定の情報源において，出版者（もしくは頒布者）名と関連して表示されている地名（市，町，村）のことで，2以上の出版者名があるときは，顕著な出版者名（もしくは最初の出版者名）と関連する地名である。情報源において，出版者の表示がなくても，その出版物の出版地（もしくは頒布地）として示されていることがある。

9.4.1.1A 出版地の表示がないときは，頒布地を記録する。

9.4.1.1B 同一出版者に2以上の出版地があるときは，顕著なもの，最初のものの順で，一つの出版地を選定する。2言語以上で表示されているときは，本タイトルまたは本文の言語と一致するものを記録する。

9.4.1.1B 別法　洋資料を記述する場合，2以上の出版地があり，そのうちの一つが日本の出版地であるときは，これを選定する。

9.4.1.1C 出版者とそれに対応する出版地が2組以上表示されている場合は，顕著なもの，最初のものの順で，一つの組を選択して記録する。

9.4.1.1D 出版地と頒布地双方の表示があるときは，頒布地は原則として記録せず，必要があれば注記する。

9.4.1.1D 任意規定　頒布地を出版地，出版者に続けて記録する。（9.4.2.1C 任意規定参照）

9.4.1.2（記録の方法）　記述対象に表示されている地名を記録する。言語によっては，地名が格変化していることがあるが，このような場合もそのままの形で記録する。

9.4.1.2A 識別上必要があるときは，市町村名等に国名，州名，都道府県名等を付記または補記する。

9.4.1.2B 出版地が資料に表示されていないときは，調査もしくは推定による出版地を角がっこに入れて記録する。出版地不明のときで，頒布地も代替情報として記録できないときは，国名を補記するか，「［出版地不明］」（書誌的事項が外国語のときは 9.0.6.1A 参照）と補記する。

9.4.2 出版者，頒布者等

9.4.2.1（出版者，頒布者等とするものの範囲）　記述対象の出版，頒布，公開，発行等について責任がある個人もしくは団体の名称，またはそれが識別できる表示。

9.4.2.1A 出版者の表示がないときは，頒布者を記録する。

9.4.2.1B 2以上の出版者等の表示があるときは，顕著なもの，最初のものの順で一つを選択する。2言語以上の表示があるときは，本タイトルまたは本文の言語と一致するものを記録する。

9.4.2.1C 出版者と頒布者双方の表示があるときは，頒布者は原則として記録せず，必要があれば注記する。

9.4.2.1C 任意規定　頒布者を出版地，出版者に続けて記録する。この場合，頒布地が出版地と同一のときは一方の記録を省略する。同一でないときは，出版地，出版者，頒布地，頒布者の順とし，「発売」など，頒布者の果たしている役割を示す語句を付記または補記する。

9.4.2.2（記録の方法）　出版者等は記述対象に表示されている名称を記録する。ただし，出版者名に付されている法人組織を示す語などは省略する。出版者等は，識別可能な範囲で簡潔な名称で記録することを原則とするので，タイトルや責任表示に名称の完全形があるときは，短縮形を用いることができる。

9.4.2.2A　出版者と頒布者双方が資料に表示されていないときは,「[出版者不明]」（書誌的事項が外国語のときは 9.0.6.1A 参照）と補記する。

9.4.2.2B　頒布地と頒布者等を,出版地と出版者の代替とする場合は,「発売」のように,その果たしている役割を示す語句を付記または補記する。このような語句が頒布者名と一体になった形となっている場合は,そのままの形で記録し,記述対象にこのような語句が表示されていないときは,簡潔な語句を補記する。

9.4.3　出版年,頒布年等

9.4.3.1　（出版年,頒布年とするものの範囲）　記述対象に表示されている,当該資料の出版,頒布,公開,発行等の最初の年（または日付）。

9.4.3.1A　出版年の表示がないときは,頒布年を記録する。これらの表示がないときは著作権表示年を,その表示もないときは,製作年を記録する。この場合,頒布年と製作年の後ろには「発売」「製作」などの役割を示す語句を,著作権表示年の前には著作権を示す「c」などの記号を付加する。

9.4.3.1A　**任意規定**　出版年と頒布年,著作権表示年,製作年が相違している場合,出版年に続けて頒布年または著作権表示年もしくは製作年を記録する。この場合,役割を示す語句等の付記の方法は,9.4.3.1A の規定による。

9.4.3.1B　出版年と頒布年双方の表示がなく,かつ著作権表示年または製作年の表示がないときは,序文,あとがき等に表示された年を記録し,「序」「あとがき」等の語を付加する。

9.4.3.2　（記録の方法）　出版年は,それが関連する出版者,頒布者等の名称のあとに記録する。同一出版年が,2以上の出版者や頒布者などに共通するときは,最後の名称のあとに記録する。

9.4.3.2A　出版年は西暦紀年で記録し,他の暦は必要があるときは付記または補記する。

9.4.3.2A　**別法**　出版年は表示のものを記録し,それが西暦紀年でないときは,西暦紀年を補記する。

9.4.3.2B　出版年が2年以上にわたるときは,刊行開始の年と終了の年をハイフンで結び包括的に示し,刊行中のときは開始年のみとする。

9.4.3.2C　不正確な出版年は角がっこに入れて補正したものを記録し,不正確な表示形は注記する。

9.4.3.2D　出版年,頒布年,著作権表示年,製作年および序文,あとがき等に表示された年のいずれも表示がないか,不明のときは,推定出版年を補記する。

9.4.4　製作項目（製作地,製作者,製作年）

9.4.4.1　（製作項目とするものの範囲）　製作項目には,記述対象が製作された土地の名称（製作地）,その製作に責任を有する個人や団体の名称,またはそれが識別できる表示（製作者）,および製作された年代,日付（製作年）がある。

9.4.4.1A　製作項目は,非刊行物の場合か,出版項目が不明のときに記録する。

9.4.4.1A　**任意規定**　出版項目とは別に製作項目の表示があり,それが重要なときには,製作項目をも記録する。

9.4.4.2　（記録の方法）　非刊行物の場合には,製作地,製作者,製作年の順に記録し,製作者のあとに「(印刷)」「(私製)」などの語を吹きするか,製作年のみを記録し,そのあとに同様の語を付記する。

9.4.4.2A　出版項目が不明の場合は,「[出版地不明]」「[出版者不明]」と補記し,出版年の位置に製作年を記録したあと,製作地,製作者の順で記録する。製作年には「印刷」「私製」などの語を付記する。
　　出版年の代替情報として製作年のみを記録する場合は,9.4.3.1A の規定による。

9.4.4.2A　**任意規定**　出版項目に加えて製作項目を記録するときは,出版項目のあとに,製作地,製作者,製作年の順で記録するか,製作年のみを記録し,そのあとに「印刷」「私製」などの語を付記する。

9.5　形態に関する事項

9.5.0　通則

9.5.0.0　（記述の意義）　資料自体を見なくてもその資料の形態の大要が把握でき,かつ当該資料と分離する

可能性がある付属物・添付物などの数量等，資料の管理・保全上必要な情報が得られるように，資料で用いている用語や表現にとらわれず，記述用に定義づけられた一定の用語を用いて，当該事項を記録する。

なお，資料がリモートアクセスのみ可能な形でコンピュータに格納されている場合は，形態に関する事項は記録しない。

9.5.0.0A　本体と形態的に分離できる付属物，製本されていない図版等も資料の管理上記録しておく必要がある。

9.5.0.1　（書誌的事項）　記録すべき書誌的事項と，その記録順序は次のとおりとする。

ア）特定資料種別と資料の数量
イ）その他の形態的細目
ウ）大きさ
エ）付属資料

9.5.0.2　（区切り記号法）

ア）形態に関する事項の前には，ピリオド，スペース，ダッシュ，スペース（. ＿―＿）を置くか，または改行して区切り記号を用いない。
イ）その他の形態的細目の前には，スペース，コロン，スペース（＿：＿）を置く。
ウ）大きさの前には，スペース，セミコロン，スペース（＿；＿）を置く。
エ）付属資料の前には，スペース，プラス記号，スペース（＿＋＿）を置く。
オ）付属資料の形態的細目は，丸がっこに入れる。丸がっこ（一対）の前後にスペース（＿（　　）＿）を置く。

　　．＿―＿特定資料種別と資料の数量＿：＿その他の形態的細目＿；＿大きさ＿＋＿付属資料＿（形態的細目）

9.5.1　特定資料種別と資料の数量

9.5.1.1　（記録するものの範囲）　記述対象が属する特定資料種別の名称，構成要素の数量を記録する。

9.5.1.1A　特定資料種別の記録には，次表の用語を使用する。なお，それぞれの図書館等における適用では，その規模や方針に応じて，2つのレベルのうちのいずれかの用語を選択する。また，表中に適切な用語がない場合は，それぞれの図書館等が定める用語を使用することができる。

第1レベル	第2レベル
紙カード	紙カード
紙テープ	紙テープ
ICカード	ICカード
磁気テープ	磁気テープ
磁気ディスク	磁気ディスクパック
	フレキシブル・ディスク
	カートリッジ型ハードディスク
	MO
カセット・テープ	カセット・テープ
光磁気ディスク	CD-I

CD-ROM
フォトCD
WORM
インタラクティブ・ビデオディスク
DVD

9.5.1.2（記録の方法）　特定資料種別の名称および数量を記録する。

9.5.1.2A　数量はアラビア数字で記録し，特定資料種別に応じて次の用語を付ける。

　　　紙カード，ICカード，フレキシブル・ディスク，MO，
　　　　光磁気ディスク，CD-I，CD-ROM，フォトCD，DVD，
　　　　WORM，インタラクティブ・ビデオディスク　　　：枚
　　　紙テープ，磁気テープ，カセット・テープ　　　　　：巻
　　　磁気ディスクパック　　　　　　　　　　　　　　　：パック
　　　磁気ディスク，カートリッジ型ハードディスク　　　：個

9.5.1.2B　刊行の完結していない資料を記述する場合，特定資料種別のみを記録し，数量を空欄とする。

9.5.1.2B　任意規定　刊行が完結した時点で数量を記録する。

9.5.2　その他の形態的細目

9.5.2.1（記録するものの範囲）　ファイルの特性に関する事項および数量以外で，ファイル内容を再生する際に必要なファイル媒体の仕様を記録する。

9.5.2.1A　ファイル媒体の仕様の表示に必要な項目と単位には，次のようなものがある。

　　　総記憶容量　　　　　バイト，キロバイト，メガバイト，テラバイト
　　　記録密度　　　　　　ビット／インチ，バイト／セクタ
　　　記録速度　　　　　　ボー，キロボー，メガボー
　　　ディスク面数　　　　面
　　　トラック数　　　　　トラック
　　　セクタ数　　　　　　セクタ
　　　記録方式　　　　　　（単位なし）

9.5.2.2（記録の方法）　アラビア数字で記録し，項目に応じて必要な単位を付ける。

　　　光磁気ディスク1枚＿：＿2048バイト／セクタ

　省略法による単位の表記が一般的に用いられている場合は，次のように記録する。

　　　112キロバイト　　　　　→　　112KB
　　　640メガバイト　　　　　→　　640MB
　　　10ギガバイト　　　　　→　　10GB
　　　256キロボー　　　　　　→　　256Kbps

9.5.2.2A　特定の機種に結合されてファイルの記録・再生を目的として作られたファイル媒体は，その媒体の型名を注記する。

9.5.3　大きさ

9.5.3.1（大きさとするものの範囲）　容器ではなく，ファイル媒体そのものの寸法を記録する。

9.5.3.2（記録の方法）　ファイル媒体の長さ，直径などをセンチメートルの単位で，端数を切り上げて記録する。ただし，単位として，フィートまたはインチの方が慣用されている場合は，それを用いる。

```
            CD-ROM 1 枚 ： 13cm
            光磁気ディスク 1 枚 ： 3.5インチ
```

9.5.3.2A　2点以上の部分からなる，大きさの異なる資料は，最小のものと最大のものをハイフンで結んで記録する。

9.5.4　付属資料

9.5.4.1（付属資料とするものの範囲）　ある出版物と同時に刊行され，その出版物とともに利用するようになっている付属物。複合媒体資料の別個の部分も含む。

9.5.4.2（記録の方法）　形態に関する事項の最後に，当該付属資料の特性を示す資料種別や特定資料種別の名称と数量その他の語句（レファレンス・マニュアル，ユーザーズ・マニュアル，ガイドブック，解説書，操作手引書，利用手引書など）を記録する。必要があるときは，簡潔な形態的細目を付記する。

9.5.4.2 別法1　洋資料を記述する場合は，英語または所定の略語（付録2参照）を用いる。

9.5.4.2 別法2　付属資料を注記事項として記録する。

9.5.4.2A　リモートアクセスでのみ利用可能な資料の付属資料は，注記する。

9.6　シリーズに関する事項

9.6.0　通則

9.6.0.0（記述の意義）　シリーズに属する単行資料を記述の対象とする場合のように，2以上の書誌階層に属している資料を記述する場合は，対象資料の同定識別と，複数書誌レベルからの検索を可能とするため，上位書誌レベルの書誌的事項を，シリーズに関する事項として記録する。シリーズに関する事項において記録する上位書誌レベルの書誌単位には，集合書誌単位または逐次刊行書誌単位がある。（9.0.2.3 ～ 9.0.2.5 参照）

9.6.0.1（書誌的事項）　記録すべき書誌的事項と，その記録順序は次のとおりとする。

　ア）本シリーズ名
　イ）並列シリーズ名
　ウ）シリーズ名関連情報
　エ）シリーズに関係する責任表示
　オ）シリーズのISSN
　カ）シリーズ番号
　キ）下位シリーズの書誌的事項

9.6.0.2（区切り記号法）

　ア）シリーズに関する事項の前には，ピリオド，スペース，ダッシュ，スペース（. ― ）を置くか，または改行して区切り記号を用いない。

　イ）シリーズに関する事項はそれぞれ丸がっこに入れる。シリーズに関する事項それぞれの前には，スペース（ ）を置く。（9.0.6.7B (1) 参照）

　ウ）並列シリーズ名または下位シリーズの並列シリーズ名の前には，スペース，等号，スペース（ ＝ ）を置く。

　エ）シリーズまたは下位シリーズのシリーズ名関連情報の前には，スペース，コロン，スペース（ ： ）を置く。

　オ）シリーズまたは下位シリーズの最初の責任表示の前には，スペース，斜線，スペース（ ／ ）を置く。

　カ）シリーズまたは下位シリーズの2番目以降の各責任表示の前には，スペース，セミコロン，スペース（ ； ）を置く。

　キ）シリーズまたは下位シリーズのISSNの前には，コンマ，スペース（, ）を置く。

ク）シリーズ番号または下位シリーズ番号の前には，スペース，セミコロン，スペース（␣;␣）を置く。
　　ケ）下位シリーズ名の前には，ピリオド，スペース（.␣）を置く。
　　　　．␣―␣（第1のシリーズ）␣（第2のシリーズ）
　　　　．␣―␣（本シリーズ名␣=␣並列シリーズ名␣:␣シリーズ名関連情報␣/␣シリーズに関係する責任表示,␣シリーズのISSN␣;␣シリーズ番号）
　　　　．␣―␣（本シリーズ名.␣下位シリーズ名␣/␣下位シリーズに関係する責任表示,␣下位シリーズのISSN␣;␣下位シリーズ番号）

9.6.0.3（2以上のシリーズ表示）　記述対象が複数のシリーズに属している場合は，それぞれのシリーズの書誌的事項を記録する。記録の優先順位は，
　ア）対象資料におけるそれぞれのシリーズの表示がある情報源が異なるときは，所定の情報源の優先順位を，記録する優先順位とする。
　イ）情報源が同一のときは，選択した情報源上のシリーズ表示の順による。

9.6.1　本シリーズ名
9.6.1.1（本シリーズ名とするものの範囲）　所定の情報源に表示されている，シリーズ固有の名称。
9.6.1.1A　シリーズに関する事項に記録する本シリーズ名は，最上位書誌レベルの本タイトルとする。
9.6.1.2（記録の方法）　本シリーズ名は，その資料に表示されている形で記録する。（1.6.1.2参照）

9.6.2　並列シリーズ名
9.6.2.1（並列シリーズ名とするものの範囲）　本シリーズ名の別言語および別の文字（またはその一方）のシリーズ名。（9.1.3.1参照）
9.6.2.2（記録の方法）　本シリーズ名に続けて記録する。
9.6.2.2 別法　注記として記録する。

9.6.3　シリーズ名関連情報
9.6.3.1（シリーズ名関連情報とするものの範囲）　本シリーズ名の関連情報。
9.6.3.1A　シリーズに関係する版表示は，シリーズ名関連情報として記録する。
9.6.3.2（記録の方法）　本シリーズ名に対する必要な補足となる場合で，資料に表示されているときに記録する。

9.6.4　シリーズに関係する責任表示
9.6.4.1（シリーズに関係する責任表示の範囲）　シリーズに関係する責任表示のすべて。
9.6.4.2（記録の方法）　総称的なシリーズ名の場合は記録する。それ以外のときは，当該シリーズの識別上必要であり，かつ資料に表示されているときに記録する。

9.6.5　シリーズのISSN
9.6.5.1（シリーズのISSNとするものの範囲）　ISSNセンターが当該シリーズに付与するISSN。
9.6.5.2（記録の方法）　ISSNが判明した場合，当該規格の標準的な方法で記録する。（13.8.1.2参照）
9.6.5.2 別法　注記として記録する。

9.6.6　シリーズ番号
9.6.6.1（シリーズ番号とするものの範囲）　記述対象の，シリーズ内における番号づけ。番号の前後に，それを修飾する語句がついているものもある。
9.6.6.2（記録の方法）　出版物に表示されている形で記録するが，略語表（付録2参照）に従って略語化できる。数字は原則としてアラビア数字とする。ただし，識別のために二様以上の数字を用いる必要があるときは，そのままの形で記録する。

9.6.7　下位シリーズの書誌的事項
9.6.7.1（下位シリーズ名とするものの範囲）　本シリーズ名の下位書誌レベルのシリーズ名で，資料に本シ

リーズ名とともに表示されているもの。下位シリーズ名は，本シリーズ名と密接に関連していることも，関連していないこともある。

9.6.7.2（記録の方法）　本シリーズに関係する事項のあとに続けた形で記録する。

9.6.7.2 別法　下位シリーズの書誌的事項をシリーズに関する事項に記録し，上位のシリーズに関する事項を注記する。

9.6.7.2A　下位シリーズの並列シリーズ名，シリーズ関連情報，責任表示は，識別上必要であると判断された場合にのみ記録する。

9.6.7.2B　下位シリーズのISSNが判明したときは記録し，本シリーズのISSNは注記する。

9.6.7.2B 別法　下位シリーズ，本シリーズのISSNはすべて注記に記録する。

9.6.7.2C　下位シリーズ内の番号づけの記録は9.6.6.2による。

9.7　注記に関する事項

9.7.0　通則

9.7.0.0（記述の意義）　注記は定型的な書誌的事項で構成されている記述を敷衍・詳述したり，限定する機能を有する。タイトルからシリーズに関する事項に至るまでに記述できず，かつ重要と判断される事項を，すべて注記において示す。注記においては，記述対象に関するあらゆる事項を記録できる。注記のなかには，当該資料の書誌的状況や形態に関するもの，内容に関するものなどがあり，次のような機能を有している。

　ア）資料の識別
　イ）書誌的記録の理解を容易にする
　ウ）資料の特徴を示す
　エ）書誌的来歴を示す

9.7.0.1（書誌的事項）　記録すべき注記とその種類は9.7.3による。

9.7.0.2（区切り記号法）
　ア）各注記の前には，ピリオド，スペース，ダッシュ，スペース（. ＿—＿）を置くか，または改行して区切り記号を用いない。
　イ）注記の導入語句と注記の本体の間に，コロン，スペース（：＿）を置く。

　　　　．＿—＿導入語句：＿注記本体

9.7.1　注記

9.7.1.1（注記とするものの範囲）　タイトル（例：本タイトルの情報源，言語など），責任表示，版次，書誌的来歴，ファイルの特性に関する事項，出版・頒布等，シリーズ，内容，入手可能性，図書館の蔵書となっている特定コピー，目録作成機関が重要と判断したもの等に関する注記がある。

9.7.2　記録の方法

注記には定型のものと不定型のものがある。2以上の注記があるときは，それらが関連する書誌的事項の記録順序に従って，記録の順序を定める。

9.7.2.1（特定事項に関する2以上の注記）　特定の事項に関する2以上の注記は，一括して記録することができる。（例：複製刊行物の原本に関する一連の注記）

9.7.3　注記の種類

9.7.3.0（下記の特定事項に属さない注記）
　ア）（誤記・誤植等）　書誌的事項の誤記，誤植を正しい形に訂正して記録したときは，もとの形を注記する。
　イ）（ファイルの内容・目的）　ファイルの内容・目的について説明する必要がある場合は，これを注記する。

　　　　　　ゲーム用ソフトウェア
　　　　　　表計算用ソフトウェア
　ウ）（システム要件）　電子資料がローカルアクセス可能な場合は，ファイル内容の再生に必要なシステム要件を必ず注記する。2以上の項目を記録するときは下記の順序に従い，プラス記号（＋）で結合する。
　　(1)　適用機種　ファイル内容が特定の機種でのみ再生可能なときは注記する。
　　　　システム要件：⎵Macintosh
　　(2)　ハードウェア
　　　　システム要件：⎵メモリ 16MB 以上
　　　　システム要件：⎵ハードディスク空き容量 128MB 以上
　　(3)　オペレーティング・システム　ファイルの読みとり，実行に特定のオペレーティング・システムが必要なときは注記する。
　　　　システム要件：⎵Mac OS⎵漢字 Talk7.5.5 以上
　　　　システム要件：⎵Windows95⎵＋⎵メモリ 16MB 以上
　　(4)　ソフトウェア（プログラミング言語を含む）
　　　　システム要件：⎵Netscape Navigator3.0 以上
　　　　システム要件：⎵QuickTime2.0 以上
　　(5)　周辺装置の種類と特徴
　　　　システム要件：⎵モニター画面 640×480 以上
　エ）（アクセス方法）　電子資料がリモートアクセス可能な場合は，そのアクセス方法等を必ず注記する。
　　　　URL:http://www.ndl.go.jp
　　　　ユーザ ID およびパスワードが必要

9.7.3.1 （タイトルと責任表示に関する注記）

9.7.3.1A　記録したタイトルの情報源は，必ず注記する。

9.7.3.1B　情報源によってタイトルの表示が異なるときは，記録したタイトルの情報源と，記録しなかった他のタイトルおよびその情報源を注記する。

9.7.3.1C　責任表示に記録しなかった共同製作者，プログラム設計者，プログラマ，原案者，原作者，原画作成者，マニュアル作成者などを記録する必要があるときは，これをその役割とともに記録する。

9.7.3.2　（版および書誌的来歴に関する注記）　当該資料の版または書誌的来歴について注記する。
　　　　同じタイトルのゲーム用ソフトウェアのフレキシブル・ディスク版

9.7.3.2A　記録した版の情報源がタイトルの情報源と異なるときは，版の情報源を注記する。

9.7.3.2B　リモートアクセス可能な電子資料において，ファイル内容の更新が随時行われる可能性がある場合は，どの時点で目録作成を行ったかを明示するため，最新アクセスの日時を記録する。
　　　　最新アクセス：⎵1999.3.27⎵14:00:00

9.7.3.3　（出版・頒布等に関する注記）　出版・頒布等に関する事項で記録しなかった細目を記録する必要があるときは，これを注記する。

9.7.3.4　（形態に関する注記）　形態に関する事項で記録しなかった細目を記録する必要があるときは，これを注記する。
　　　　付属資料：⎵（v，499p⎵；⎵30cm）⎵：⎵NACSIS-IR⎵：⎵総合マニュアル．⎵—⎵改訂版．⎵—⎵1992

9.7.3.5　（シリーズに関する注記）　シリーズに関する事項で記録しなかった細目を記録する必要があるときは，これを注記する。

9.8　標準番号，入手条件に関する事項

9.8.0　通則

9.8.0.0（記述の意義）　記述対象の特定用に，また出版情報や全国書誌情報の検索用に，ISBN，ISSNなどの国際標準番号，もしくはその代替となる番号を記録する。

9.8.0.1（書誌的事項）　記録すべき書誌的事項と，その記録順序は次のとおりとする。

　ア）標準番号
　イ）キイ・タイトル（任意規定による事項）
　ウ）入手条件・定価（任意規定による事項）

9.8.0.2（区切り記号法）

　ア）標準番号，入手条件に関する事項の前には，ピリオド，スペース，ダッシュ，スペース（.␣—␣）を置くか，または改行して区切り記号を用いない。

　イ）この事項を繰り返す場合は，それぞれ，ピリオド，スペース，ダッシュ，スペース（.␣—␣）を前に置く。

　ウ）キイ・タイトルの前には，スペース，等号，スペース（␣=␣）を置く。

　エ）入手条件・定価の前には，スペース，コロン，スペース（␣:␣）を置く。

　オ）標準番号または入手条件に対する付帯条件，付加的説明は丸がっこに入れる。丸がっこの前にスペース（␣(　)）を置く。

　　　　　.␣—␣標準番号␣=␣キイ・タイトル␣:␣入手条件・定価␣（付加的説明）

9.8.1　標準番号

9.8.1.1（標準番号とするものの範囲）　ISBN，ISSNなどの国際標準番号およびこれに代わる商業システムなどによる番号。

9.8.1.2（記録の方法）　ISBN，ISSNなどの名称のあとに，資料に表示されている標準番号を記録する。

9.8.1.2 任意規定1　不正確な番号が資料に表示されていても，正しい番号が判明すればこれを記録し，不正確な番号は，「［エラーコード］」と冒頭に補記して記録する。

9.8.1.2 任意規定2　標準番号のあとに装丁等を丸がっこに入れ，略語化できるときは略語形で簡潔に記録する。

9.8.2　キイ・タイトル（任意規定）

9.8.2.1（キイ・タイトルとするものの範囲）　ISSNセンターによってそれぞれの逐次刊行物の個別化に付与されたもの。ISSNと不可分の関係にある。本タイトルと一致することもあるが，固有の名称とするため，識別・限定要素が付加されていることもある。

9.8.2.2（記録の方法）　逐次刊行物の本タイトルと同一であっても，キイ・タイトルとして記録することができる。

9.8.3　入手条件・定価（任意規定）

9.8.3.1（記録するものの範囲）　記述対象に表示されているままの定価および（または）その資料の入手可能性を示す語句もしくは数字による表現。

9.8.3.2（記録の方法）　入手条件を示し，販売するものは定価を記録する。付加的説明は丸がっこに入れる。

第9章 関連用語解説

ローカルアクセス
　電子資料の利用形態。利用者自身が光磁気ディスク、カートリッジ等のキャリアをコンピュータの周辺装置に挿入することによって利用可能となる場合をいう。

リモートアクセス
　電子資料の利用形態。利用者自身の操作すべきキャリアがない場合をいう。この場合、資料は大規模記憶装置やハードディスクに格納されている。

キャリア
　データ、音声、画像、プログラム等が記録されている物理的媒体。テープ、フィルムなどの記録媒体がプラスチックや金属製のケース（カセット、カートリッジなど）に格納されている場合は、ケースを含めてキャリアとして扱う。

（参考）
容器
　一つ（ないしは2以上）の資料を収容するための、資料本体とは物理的に分離しているさまざまな形態の入れもの。

視覚障害その他の理由で活字のままでこの本を利用出来ない人のために、営利を目的とする場合を除き「録音図書」「点字図書」「拡大写本」等の製作をすることを認めます。その際は著作権者、または、出版社まで御連絡ください。

EYE LOVE EYE

電子資料の組織化
日本目録規則(NCR)1987年版改訂版第9章改訂とメタデータ

2000年 5月31日　初版第1刷発行
2000年10月20日　初版第2刷発行
本体 1,200円（税別）

編集　日本図書館協会目録委員会
発行　社団法人　日本図書館協会
〒104-0033　東京都中央区新川1-11-14
Tel: 03-3523-0811／Fax: 03-3523-0841

ISBN4-8204-0003-7
JLA200033